O auxiliar administrativo no escritório

O auxiliar administrativo no escritório

Janieyre Scabio Cadamuro

EDITORA
intersaberes

Sumário

Vamos explorar o mundo da administração? **6**

Explore ao máximo as ferramentas deste livro! **10**

Você tem as habilidades necessárias para ser um bom auxiliar administrativo? **12**

1 A evolução da administração **16**

Histórico da organização do trabalho **18**

Conceito e história da administração **26**

2 O ambiente corporativo **34**

Tipos e tamanhos de empresas **42**

3 O profissional de apoio administrativo 50

A comunicação e o relacionamento interpessoal **57**

Ética e trabalho interpessoal **65**

Motivação no ambiente de trabalho **70**

Plano de carreira: tendências e perspectivas **72**

4 Organização dos ambientes de escritório 76

Utilização adequada dos espaços: organização do ambiente de trabalho **78**

Empreendedorismo, criatividade e inovação **87**

Gestão das atividades e administração do tempo **92**

5 Práticas administrativas 99

Atendimento ao cliente interno, agenda e reuniões **101**

Protocolo e arquivo **103**

Rotinas de trabalho e documentos básicos das áreas funcionais **111**

Fim do expediente **127**

Material para consulta **128**

Arquivo confidencial **131**

Sobre a autora **134**

Vamos explorar o mundo da administração?

> Um antigo provérbio diz o seguinte: *"Quando Deus quer por um homem à prova, Ele o faz nascer numa época de transição."* Sem dúvida alguma, nós estamos vivendo em uma dessas épocas, pois o mundo, como um todo, está passando por várias transformações de forma rápida e intensa.

Essas mudanças constantes precisam ser acompanhadas pelos profissionais que atuam ou desejam atuar no mercado de trabalho, e não existe melhor maneira de enfrentá-las que adquirindo o maior número de conhecimentos possível, pois é experimentando e apreciando novos saberes que as pessoas conseguem acompanhar com mais tranquilidade as transformações que ocorrem ao seu redor.

Mas é importante ressaltar que adquirir conhecimentos específicos de uma área de atividade não basta — ter postura ética e visão global é uma obrigação de todo profissional, e essas qualidades só podem ser alcançadas por meio da aprendizagem contínua e da incansável busca pelo desenvolvimento pessoal.

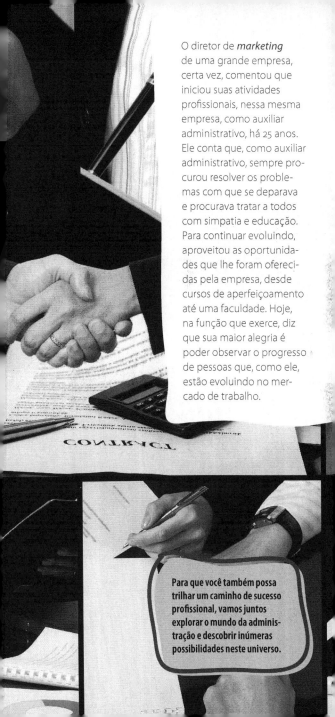

O diretor de *marketing* de uma grande empresa, certa vez, comentou que iniciou suas atividades profissionais, nessa mesma empresa, como auxiliar administrativo, há 25 anos. Ele conta que, como auxiliar administrativo, sempre procurou resolver os problemas com que se deparava e procurava tratar a todos com simpatia e educação. Para continuar evoluindo, aproveitou as oportunidades que lhe foram oferecidas pela empresa, desde cursos de aperfeiçoamento até uma faculdade. Hoje, na função que exerce, diz que sua maior alegria é poder observar o progresso de pessoas que, como ele, estão evoluindo no mercado de trabalho.

Para que você também possa trilhar um caminho de sucesso profissional, vamos juntos explorar o mundo da administração e descobrir inúmeras possibilidades neste universo.

Explore ao máximo as ferramentas deste livro!

Esta obra conta com vários recursos superinteressantes que irão lhe ajudar nesta viagem pela área do profissional auxiliar administrativo. São eles:

Investigue no Google

Que tal surfar pelo mundo da informação e investigar os assuntos mais importantes do momento? A seção "Investigue no Google" lhe dá as melhores dicas de temas atuais relacionados à atuação do auxiliar administrativo.

Curiosidades

Você sabe quais eram as moedas de troca na Antiga China? Você tem ideia das fases pelas quais a administração passou para ser a ciência que é hoje? Você sabia que a cor do ambiente em que você trabalha diz muito sobre quem você é? Veja isso e muito mais na seção "Curiosidades".

Fique atento!

Como diz o ditado: "Deus está nos detalhes." Esta seção lhe ensina o "caminho das pedras" de detalhes pequenos, mas importantíssimos para o seu cotidiano como auxiliar administrativo.

Ludwig Mies van der Rohe.

Luz, câmera, ação!

Veja vídeos à distância de um clique ou assista a filmes no conforto da sua casa! A seção "Luz, câmera, ação" conta com ótimas sugestões para o seu aprendizado na tela do seu computador ou de sua TV!

Você pode se perguntar: "Puxa, será que vou me lembrar de tanto conhecimento depois da leitura de cada capítulo?". Não se preocupe! Ao final de cada capítulo, a seção "Hora extra" vai lhe ajudar a avaliar a fixação dos conhecimentos estudados.

O que acha de desafiar seus conhecimentos e sua capacidade de decisão sendo um administrador, um dono de uma fábrica ou um funcionário em uma situação profissional difícil? Esta seção propõe situações que você deve analisar cuidadosamente e responder com 100% de segurança. Ponha-se à prova!

Arregace as mangas! Afinal, na caminhada para o sucesso no mercado de trabalho, só conhecimento não basta! A seção "Mãos à obra" lhe proporciona a oportunidade de aplicar os saberes deste livro ao seu dia a dia profissional.

Você tem as habilidades necessárias para ser um bom auxiliar administrativo?

Habilidade: É a facilidade que um indivíduo tem para realizar uma determinada tarefa.

A administração é uma atividade relacionada à cooperação humana. Por isso, podemos dizer que ela sempre existiu. Mesmo os primeiros seres humanos que caminharam pela face da Terra colaboraram entre si. Prova disso é que estamos aqui, começando esta conversa.

Para desenvolver um bom trabalho na área administrativa de um escritório ou de uma empresa, você precisa desenvolver três habilidades:

1. Habilidades técnicas

Relacionadas ao conhecimento específico de uma área e à facilidade em executar tarefas referentes a ela. Como exemplo, temos a habilidade com números – contabilidade; desenhos – *designers*; letras – escritores etc.

2. Habilidades humanas

Dizem respeito ao trabalho direto com outras pessoas. Dentro dessa habilidade, destacamos dois tipos de relacionamento:

Relacionamento intrapessoal

É o relacionamento que se mantém com a pessoa mais importante desse mundo: **você mesmo**. Com o diálogo interno, uma pessoa desenvolve **autoconhecimento**, que torna os indivíduos mais estáveis emocionalmente e mais seguros em suas atitudes e decisões diárias. A pessoa que se conhece consegue controlar suas emoções e fazer com que elas trabalhem a seu favor.

Para verificar seu autoconhecimento, faça o seguinte exercício: preencha a tabela a seguir com cinco características que você gosta em si mesmo e outras cinco que você não aprecia muito ou que gostaria de mudar.

Positivas	Negativas

E então, achou uma atividade simples? Não é um trabalho muito fácil olharmos para nós mesmos, principalmente no que diz respeito aos pontos negativos, não é mesmo? Mas não se preocupe: as características negativas podem ser modificadas e, para isso, boa vontade e determinação são fundamentais. Comece trabalhando pequenas mudanças no seu dia a dia, monitorando suas atitudes e seus pensamentos; assim, em pouco tempo, um ponto fraco poderá tornar-se uma grande qualidade.

investigue no Google

Você já pôde perceber que o assunto *autoconhecimento* é muito importante para a sua vida profissional, não é mesmo? Existem muitos textos na internet que podem lhe ajudar a entender melhor o que essa palavra significa e como ela pode lhe ajudar em seu dia a dia. Então, veja o que o mundo virtual pode oferecer para a sua pesquisa!

preste atenção nos seus sonhos e aprenda mais sobre si mesmo

Outra dica bem interessante para melhorar seu autoconhecimento é estar atento aos sonhos. Muitas vezes, alguns pensamentos que preferimos deixar de lado enquanto estamos conscientes se manifestam durante a noite, em forma de sonho.

Para prestar atenção nos seus sonhos, não se levante rapidamente após acordar. Ainda deitado, procure se lembrar do que sonhou, relacionando essas memórias com os acontecimentos dos dias anteriores. Caso você seja uma daquelas pessoas que volta a dormir se ficar na cama, então pode fazer essa reflexão durante a higiene matinal ou no café da manhã.

Relacionamento interpessoal

É a maneira que você se relaciona com as pessoas ao seu redor, reconhecendo as emoções e respondendo adequadamente ao temperamento e ao humor dos outros. Essa habilidade é utilizada, em especial, na formação de equipes e na negociação de conflitos.

3. Habilidades conceituais

Referem-se à capacidade de enxergar e compreender a "empresa" como um todo, entendendo o funcionamento de seus setores e a importância de cada um deles no desenvolvimento das atividades.

Todas as habilidades anteriores são muito importantes e precisam ser aprimoradas e/ou desenvolvidas. Vale ressaltar que, atualmente, muitos profissionais de Recursos Humanos (RH – hoje chamado preferencialmente de *Gestão de Pessoas*) afirmam que as pessoas perdem seus empregos por causa de **problemas no relacionamento interpessoal**, no comportamento mesmo. Então, além dos conhecimentos que serão estudados aqui, busque outras formas de desenvolver sua maneira de se relacionar consigo mesmo e com os outros!

1. A evolução da administração

Quando observamos cuidadosamente a história da humanidade, podemos verificar que organizar as pessoas com a finalidade de atingir um objetivo sempre existiu.

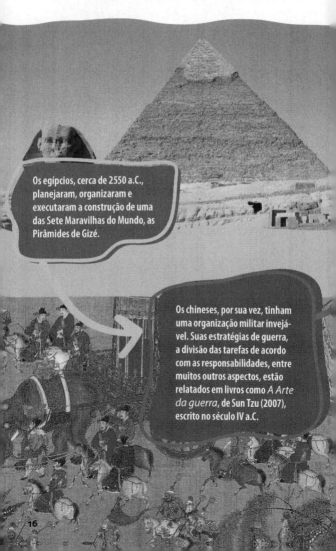

Os egípcios, cerca de 2550 a.C., planejaram, organizaram e executaram a construção de uma das Sete Maravilhas do Mundo, as Pirâmides de Gizé.

Os chineses, por sua vez, tinham uma organização militar invejável. Suas estratégias de guerra, a divisão das tarefas de acordo com as responsabilidades, entre muitos outros aspectos, estão relatados em livros como *A Arte da guerra*, de Sun Tzu (2007), escrito no século IV a.C.

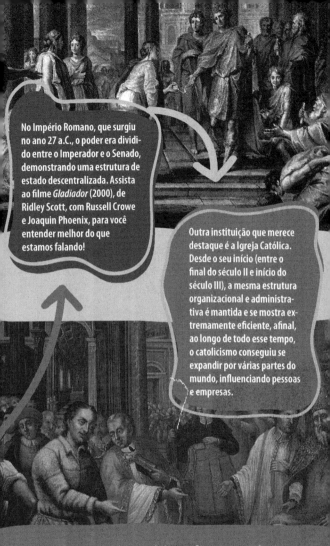

No Império Romano, que surgiu no ano 27 a.C., o poder era dividido entre o Imperador e o Senado, demonstrando uma estrutura de estado descentralizada. Assista ao filme *Gladiador* (2000), de Ridley Scott, com Russell Crowe e Joaquin Phoenix, para você entender melhor do que estamos falando!

Outra instituição que merece destaque é a Igreja Católica. Desde o seu início (entre o final do século II e início do século III), a mesma estrutura organizacional e administrativa é mantida e se mostra extremamente eficiente, afinal, ao longo de todo esse tempo, o catolicismo conseguiu se expandir por várias partes do mundo, influenciando pessoas e empresas.

Os exemplos que acabamos de ler confirmam o que foi dito anteriormente: **a administração sempre esteve presente na história da humanidade**. Porém, a administração como ciência só começou a ser estudada no início do século XX.

Até o século XIX, a sociedade, assim como a organização do trabalho, era bem diferente do que conhecemos hoje. Para entender o porquê desse interesse recente pela administração como ciência, vamos analisar a evolução da organização do trabalho.

Histórico da organização do trabalho

Quando os seres humanos abandonaram o nomadismo, passando a formar comunidades e a plantar, pescar e caçar para a sua sobrevivência, os poucos produtos que sobravam eram trocados por outros que excediam a produção de outras famílias. Essa forma simples de comércio é conhecida como *escambo*.

O escambo entrou em decadência devido à dificuldade de não haver uma **medida comum de valor** para os produtos a serem trocados. Por exemplo: como trocar um boi por um saco de trigo? Por meio dessa singela comparação, podemos imaginar as dificuldades das pessoas da época e, dessa forma, entender que algumas mercadorias passaram espontaneamente a ser mais procuradas do que outras, por sua utilidade. O melhor exemplo disso foi o **sal**.

No interior dos continentes, ou seja, longe do mar, o sal era difícil de ser conseguido. Como estamos falando de uma época na qual nem se sonhava com a eletricidade, muito menos com as geladeiras ou *freezers*, o sal era o ingrediente utilizado na conservação dos alimentos e, por isso, passou a ser moeda de troca. Foi daí que surgiu a palavra *salário*, que tem como origem a utilização do sal, em Roma, para o pagamento de serviços prestados.

curiosidade

Veja no infográfico a seguir quais mercadorias foram utilizadas como moeda em diferentes épocas e regiões:

Evolução das moedas no mundo
Épocas e regiões e suas principais moedas/mercadorias

Antiguidade

Egito
Cobre; anéis de cobre, como subdivisão da unidade-peso.

Babilônia
Cobre, prata e cevada.

Lídia
Peças metálicas cunhadas. Embora existam dúvidas históricas, os lídios (séc. XVII a.C.) teriam sido um dos primeiros povos a cunhar moedas atestando seu peso e título.

Pérsia
Gado, sobretudo bovinos e ovinos.

Bretanha
Barras e espadas de ferro; escravos.

Índia
Animais domésticos; arroz; metais (notadamente ouro e cobre).

China
Conchas; seda; metais; instrumentos agrícolas; cereais; sal.

Idade Média

Ilhas Britânicas
Moedas de ouro (precursoras das cédulas de papel); gado; ouro e prata em unidades-peso.

Alemanha
Gado (início da Idade Média); cereais (notadamente aveia e centeio); mel; moedas cunhadas (*Solidus*, de ouro; e *Denar*, de prata).

Islândia
Gado; tecidos; peixes secos (notadamente o bacalhau).

Noruega
Gado bovino; escravos; tecidos; manteiga; peles curtidas.

Rússia
Gado bovino; peles de esquilo e de marta; prata, em unidades-peso.

China
Arroz (como instrumento de troca e unidade de conta); chá, sal; peças de ferro, estanho e prata, com valores inter-relacionados.

Japão
Anéis de cobre, cobertos com ouro e prata; pérolas; ágata; arroz.

Idade Moderna

Estados Unidos
Época colonial: fumo; cereais; carnes secas; madeira; gado.

Austrália
Rum; trigo; carne (nos primórdios da colonização britânica).

Canadá
Peles; cereais.

França
Metais preciosos; cereais.

Alemanha e Áustria
No Tirol: terra, como denominador comum de valores; gado, como instrumento de troca.

Japão
Arroz; depósitos desse cereal foram usados como moeda até o século XVIII.

Fonte: Lopes; Rossetti, 1996. p.30.

A moeda, como nós a conhecemos hoje – pequena peça de metal com peso e valor definidos –, surgiu no século VII a.C. Ela era feita de metais nobres, como o ouro, a prata e o cobre. E é depois disso que as **relações comerciais e de trabalho começaram a ficar mais elaboradas**.

À medida que as pessoas começaram a **fixar residência num único local**, próximas umas das outras e ao lado de castelos ou de catedrais, surgiram os chamados burgos – as "cidades" da Idade Média.

No burgo, concentravam-se mercadores e artesãos. A produção era realizada pelos artesãos que se reuniam em **corporações de ofício**, ou guildas, normalmente localizadas nas casas dos donos das ferramentas. "[Nas corporações de ofício ou guildas] [...] existiam os mestres, os oficiais e os aprendizes de determinada profissão, que fabricavam e comercializavam [...] [os produtos]. Cada mestre tinha certo número [...] de aprendizes e o número de mestres guardava [...] proporção com as necessidades da comunidade" (Andrade, 2004).

Andrade (2004) ainda nos conta que "As corporações de ofício atuavam na defesa de seus membros e através de regulamentos [que] controlavam os preços mínimos e máximos, a venda e a qualidade dos produtos, o número de trabalhadores e o horário de trabalho, impedindo [...] [a] concorrência entre seus membros e com [os] produtos [...] dos burgos vizinhos".

> A Revolução Francesa é considerada o marco inicial da Idade Contemporânea, pois foi o episódio decisivo na transição entre o feudalismo e o capitalismo, uma revolta da população rural, liderada pelos burgueses contra o regime absolutista (rei) do país.
>
> O episódio que marca o início da Revolução é a Queda da Bastilha, no dia 14 de julho de 1789.

Depois da Revolução Francesa, em 1789, "as corporações de ofício foram extintas [...], pois eram consideradas incompatíveis com os ideais de liberdade do homem" (Miranda, 2011). Surgiram então as *pequenas oficinas especializadas na fabricação dos produtos*, que funcionavam na residência do dono do negócio, onde, normalmente, trabalhavam também os membros de sua família.

Foi depois da **Revolução Industrial**, nas últimas décadas do século XVIII, que as condições de trabalho sofreram realmente uma grande modificação. Nesse momento, as **máquinas foram introduzidas nas fábricas**, mudando irreversivelmente a forma pela qual o trabalho e o comércio eram exercidos.

> A Revolução Industrial é dividida em duas épocas distintas:
>
> 1ª – 1780 a 1860
> Fase do carvão e do ferro.
>
> 2ª – 1860 a 1914
> Fase do aço e da eletricidade.

Portanto, é importantíssimo que você saiba separar essas duas grandes eras do trabalho: **até a Revolução Industrial**, tudo era feito artesanalmente e quem possuía as ferramentas e dominava a técnica de produção era o dono do negócio.

Depois da Revolução Industrial, a produção de bens modificou-se radicalmente. Com uma produção manufatureira e em maior escala, foram necessárias mais pessoas para desenvolver as atividades e, com isso, as **teorias administrativas** começaram a surgir.

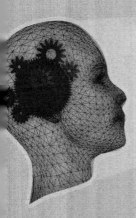

Gilberto era o dono de uma pequena oficina de sapatos e vivia em plena fase da Revolução Industrial. Sua produção era, até o momento, artesanal e seus clientes eram apenas os amigos e conhecidos. Porém, com o surgimento de novas máquinas, os meios de comunicação e de transporte se desenvolveram rapidamente. Gilberto tinha duas opções: ou vendia sua oficina para um concorrente ou se unia a ele para, juntos, comprarem máquinas e aumentarem a produção. Que caminho Gilberto deveria seguir? Por quê?

Caso Gilberto se unisse a outra oficina, novos desafios apareceriam em sua vida (como ter de trabalhar com pessoas desconhecidas, por exemplo). Que tipo de habilidades ele teria de desenvolver a partir de então? Por quê?

....

....

....

....

Conceito e história da administração

"A palavra administração vem do termo em latim *'ad'* [...] [que significa direção ou tendência para], e *'minister'* [...] [que significa subordinação ou obediência, ou seja, a pessoa que] realiza uma função sob comando de [...] [outra ou ainda] aquele que presta serviço a outro" (Chiavenato, 2004, p. 11).

Em palavras mais simples e atuais, podemos dizer que a administração é o "processo de planejar, organizar, dirigir e controlar o uso de recursos com a finalidade de alcançar os objetivos das organizações" (Chiavenato, 2004, p. 11).

Nesse novo cenário, as organizações precisaram se preocupar em "organizar" todos os recursos (entendendo recursos como pessoas, equipamentos e dinheiro) para atingir seus objetivos. Surge, então, o chamado **pensamento administrativo**.

Como vimos anteriormente, depois da Revolução Industrial, as empresas precisaram contratar mais pessoas para trabalhar; estas, muitas vezes, eram desconhecidas, pois eram necessários novos profissionais especializados para operar as máquinas, fazer o transporte das mercadorias, verificar se os pagamentos haviam sido efetuados, receber novos pedidos etc.

curiosidade

Desde o ano de 1890, muitas teorias administrativas diferentes foram surgindo. Veja, no infográfico a seguir, como foi essa evolução:

Período Clássico

1910

Administração científica – Frederick Taylor

Com a emergência do capitalismo, surge a necessidade de estabelecer **padrões de funcionamento** para todas as etapas do processo produtivo, assim como um controle rígido destas, como forma de tornar o **trabalho mais eficiente**. Dessa forma, os trabalhadores poderiam produzir mais e melhor. **A ênfase era dada nas tarefas a serem executadas**.

O mais famoso seguidor de Taylor foi **Henry Ford**, que inventou a **linha de produção** para diminuir os custos dos carros e provocou uma **melhoria acentuada na produtividade** e na eficiência das organizações.

Ford introduziu uma **forma diferenciada nas remunerações** pelos diferentes serviços prestados dentro da empresa, de acordo com as responsabilidades e a produtividade.

1915

Burocracia – Max Weber

Defendia a padronização dos cargos de forma que uma rede estrutural e formal estabelecesse as relações dentro da organização. *A ênfase era dada nas posições e não nos indivíduos*.

Introduziu a *lógica científica e a metodologia de análises racionais na administração*, atribuindo-lhe um caráter mais democrático com a diminuição do "favoritismo". Ajudou também a entender a organização do trabalho de forma mais racional e eficiente, por conta da aceitação da existência de atividades rotineiras.

1920

Teoria clássica/gestão administrativa – Henri Fayol

Ênfase dada na estrutura organizacional. Foi Taylor que, nessa fase, definiu as funções administrativas de *prever, planejar, organizar, dirigir e controlar*; com especial atenção à função de comando muito semelhante à organização dos exércitos.

A administração passou a ser entendida como uma profissão capaz de ser aprendida e desenvolvida, compreendida como um processo com funções-chave bem definidas.

Teoria das relações humanas – Elton Mayo

Como as teorias anteriores não haviam gerado os resultados esperados, surgiu a **preocupação com o trabalhador**, cujas condições de vida e de trabalho eram precárias, mesmo com o rápido desenvolvimento da indústria. Surgem então as **associações de trabalhadores, que deram origem os sindicatos**. Essa teoria buscava entender como os fatores psicológicos e sociais afetavam o desempenho dos funcionários. **Passou a ser dada ênfase nas pessoas.**

Iniciou a inclusão da preocupação com o ser humano na organização, ressaltando que a **motivação humana impacta diretamente o desempenho da instituição como um todo**. Aprimorou a eficiência organizacional por meio da motivação individual e da autonomia individual.

Período Contemporâneo

1945

Teoria neoclássica – Peter Drucker

Partindo de princípios da biologia, essa teoria entende que uma **organização é também um organismo vivo**, no qual todos precisam de todos. Sendo assim, a administração precisa se preocupar com o conjunto (tecnologia, capital e recursos humanos) e com as relações que se estabelecem entre seus principais componentes.

Essa teoria valoriza a teoria clássica no que tange à organização formal, porém relaciona esta com a **teoria das relações humanas**. Passa a ser dada ênfase aos aspectos práticos, com vistas à busca de resultados concretos.

1960

Teoria sistêmica – Danel Katz e Robert Khan

Para essa teoria, as organizações devem ser entendidas como **sistemas abertos**, ou seja, elas dependem de matérias-primas vindas do ambiente externo e contribuem com produtos e/ou serviços, o que as obriga a interagir com o ambiente.

Com essa teoria, as **fronteiras das organizações foram ampliadas** e houve o reconhecimento da importância das **relações com o ambiente**. Com isso, é possível identificar as variáveis que afetam e influenciam o desempenho da organização como um todo.

1970

Teoria contingencial – Paul Lawrence & Jay Lorch

Desenvolvida com base na teoria sistêmica, a teoria contingencial **não aceita que existe uma maneira única e ideal de administrar**; cabendo ao administrador encontrar o melhor "caminho" para atingir os objetivos e metas da organização.

Aqui se contestam os princípios gerais da administração e se afirma que deve haver uma identificação dos fatores que afetam o desempenho organizacional, considerando as características do ambiente.

O conhecimento dessas teorias serve para que você possa compreender melhor as práticas utilizadas pelas empresas, além de entender a importância das pessoas, das organizações e do meio onde estas estão inseridas.

Por meio do conceito de administração e da observação das teorias administrativas, podemos entender que ela se baseia em **quatro princípios fundamentais**, que são:

1 **Planejamento** – Planejar é pensar no futuro, ou seja, fazer planos, traçar objetivos e definir meios para alcançá-los.

2 **Organização** – Organizar consiste em fornecer as condições necessárias para que a empresa desenvolva bem seu trabalho e atinja seus objetivos (definidos no planejamento). Podemos dizer que organizar é promover a divisão do trabalho, das tarefas e das responsabilidades.

3 **Controle** – Controlar é verificar se a organização do trabalho está sendo obedecida, envolvendo o acompanhamento, o monitoramento e a verificação dos diferentes setores e departamentos.

4 **Direção** – Dirigir está relacionado à coordenação das diferentes tarefas de uma empresa, à liderança das equipes de trabalho e ao estímulo para que os funcionários trabalhem bem e felizes.

1. Desde que época a administração está presente na história da humanidade?

2. Que fato histórico marca o início do estudo da administração como ciência? Explique.

3. Qual é a definição de administração?

4. Quais são os quatro princípios fundamentais da administração? Explique cada um deles.

investigue no Google

Frederick Taylor e Henri Fayol são considerados os "pais da administração". Pesquise na internet ou em livros as diferenças entre as ideias desses dois personagens históricos.

No site <http://www.coladaweb.com/administracao/taylor-e-fayol> você poderá encontrar este assunto bem simplificado!

Pare e reflita: você aplica os quatro princípios fundamentais da administração no seu dia a dia? Exemplifique a seguir situações cotidianas nas quais você utiliza tudo isso!

....
....
....
....
....

Luz, câmera, ação!

Você percebe agora por quanta história a administração já passou? Quer saber mais sobre esse assunto? Recomendamos um filme super interessante de *Charles Chaplin*. Sim, é antigo, mas vale a pena, não apenas por ter sido feito por um dos maiores comediantes de todos os tempos, mas também porque fala sobre a mecanização da indústria, ou seja, da Revolução Industrial e de suas consequências. O nome do filme é *Tempos Modernos* (1936) e pode ser visto em 10 partes no *site* YouTube, disponível em: www.youtube.com.

2. O ambiente corporativo

Além dos diferentes profissionais que atuam em uma empresa, é preciso levar em consideração que o ambiente e o cenário para os negócios está globalizado. Mas afinal, o que é *globalização*?

A globalização é um fenômeno que teve início no ano de 1450 e que promoveu grandes mudanças que facilitaram o comércio entre os países. Bem diferente do que estamos acostumados a pensar, a globalização é *um fenômeno bem antigo*, não?!

Para entender melhor o que é globalização, pegue um tênis ou um CD. A matéria-prima que compõe o produto pode ser dos Estados Unidos, do México, da França ou de qualquer outro lugar do mundo. Provavelmente, a mão de obra que fez o produto é chinesa e você está aqui, no Brasil, utilizando esse bem. Compreendeu agora como ocorre a globalização?

curiosidade

Veja, no infográfico a seguir, os períodos desse fenômeno político, econômico e social:

Primeira fase: 1450-1850

Período da **expansão mercantilista**. A procura por uma melhor rota marítima, por parte das monarquias absolutistas europeias (cujos reis tinham em suas mãos os poderes Executivo, Legislativo e Judiciário), para as Índias criou boas relações comerciais entre a Europa, a China e o Japão, abrindo o **caminho dos europeus para o Novo Mundo** (Américas). Iniciou-se a imigração europeia para a América do Norte, Caribe e Brasil com a finalidade de explorar madeira, açúcar, metais preciosos, café e tabaco, com utilização de mão de obra escrava, vinda da África.

Estruturou-se o chamado **comércio triangular**: a Europa fornecia produtos industriais, a América fornecia as matérias-primas e a África fornecia mão de obra escrava.

Por ser monarquia a forma de governo existente, a economia tinha base nas medidas protecionistas, nos incentivos fiscais, na doação de monopólios e na **subordinação das colônias às metrópoles**, para promover a prosperidade (Mercado Global, 2010) e gerar cada vez mais riqueza para os reis.

gunda fase: 1850-1950

A partir do século XVIII, com o **surgimento da máquina a vapor** e a grande aceleração industrial da Europa, há o "casamento" entre a indústria e os bancos. Os grandes investidores passaram a ter interesse em aumentar os mercados consumidores e fornecedores e, com isso, encerrou-se o imperialismo e emergiu o **capitalismo**. Ainda que mantendo as proteções dadas às indústrias internas dos países, o livre-cambismo (o melhor preço vence) passou a ser defendido.

Depois disso, a escravidão passou a ser um grande impedimento para a expansão comercial, atrapalhando o progresso do consumo, somado à grande indignação popular, o que resultou na **abolição da escravidão na França em 1848**. No Brasil, a abolição só foi extinta em 1888.

Por causa das guerras promovidas por Napoleão Bonaparte, a partir de 1789, muitos europeus migraram para as Américas atrás de melhores oportunidades de vida e emprego. O barco e o trem a vapor conseguiram encurtar as distâncias.

No início da década de 1790, o engenheiro francês Claude Chappe inventou o **telégrafo**. Nos anos seguintes, o método foi aperfeiçoado e permitiu o **nascimento do telefone**, que encurtou ainda mais as distâncias entre os países, aproximando os continentes e seus interesses. Assim, com o **avanço da tecnologia incentivado pelas duas guerras mundiais** (de 1914-1918 e de 1939-1945), como o voo transatlântico de Charles Lindbergh em 1927, as distâncias continentais já não eram mais um problema insolúvel.

Após as duas grandes guerras, as colônias conseguiram liberdade de suas metrópoles e prosseguiram ativas no comércio internacional, favorecendo os aspectos necessários à globalização.

Globalização recente: Pós-1989

Após o fim da Segunda Guerra Mundial, a disputa pela liderança do mundo trouxe alguns problemas à globalização, mas, com o fim da Guerra Fria entre os Estados Unidos e a Rússia (simbolizada pela **queda do Muro de Berlim**, em 1989), as barreiras à globalização caíram em sequência, configurando o moderno sistema economia-mundo capitalista atual.

Com o **domínio absoluto dos Estados Unidos**, a língua universal passou a ser o inglês e a moeda internacional, o Dólar. Nesse contexto, é possível afirmar que a globalização recente se caracteriza pela americanização mundial.

Atualmente, a globalização é entendida como a **abertura de mercado** que fez o mundo entrar em uma nova etapa de desenvolvimento, colocando as empresas brasileiras em uma forte concorrência com as economias mais competitivas do mundo. Essa nova dinâmica de mercado obriga as empresas a serem mais eficientes nos processos produtivos e administrativos.

38

Luz, câmera, ação!

Se você quiser se aprofundar no tema *globalização*, acesse o *link* http://www.youtube.com/watch?v=7vneyJfWXSc&feature=related e assista ao vídeo *Globalização: 2 lados*. Preste bastante atenção na letra da música que toca no vídeo! No *site* YouTube existem outros vídeos bem legais sobre globalização, não custa dar uma passadinha por lá!

Para não viver simplesmente reagindo às mudanças de um mercado onde a concorrência é muito grande, as empresas definem seu "jeitão", ou seja, a sua maneira de agir e pensar.

Essa forma de pensar e agir de uma empresa tem base em 4 pilares. Veja uma descrição deles a seguir:

Os 4 pilares:

Missão

A missão de uma empresa revela a forma como ela age, as atitudes em relação aos clientes e consumidores, os níveis de qualidade e o relacionamento com seus funcionários e colaboradores, criando uma identidade para a empresa. É o motivo pelo qual a empresa foi criada.

Visão

A visão da empresa demonstra a posição que ela deseja ocupar no futuro – seu sonho.

Valores

Os valores de uma organização revelam a sua grandiosidade. São os princípios que regem a operação dos seus negócios; por isso, eles são defendidos por seus funcionários, que fazem questão de difundi-los. Os valores de uma empresa são inalteráveis, independentemente da situação econômica, das empresas concorrentes ou da situação mundial.

Objetivos

Os objetivos de uma empresa estão diretamente relacionados à missão e à visão da organização, determinando quais ações devem ser adotadas para que a empresa atinja sua visão.

Veja a seguir um exemplo da forma de agir e pensar da Siemens, uma das maiores empresas no ramo de engenharia elétrica e eletrônica do país:

Valores, Visão & Missão

Nossos valores

A mais alta *performance* combinada com os mais elevados padrões éticos
Responsável – Comprometida com ações éticas e responsáveis
Excelente – Atingindo a alta *performance* e resultados excelentes
Inovadora – Sendo inovadora para criar valor sustentável

Nossa visão

Siemens – a pioneira em eficiência energética produtividade industrial acessibilidade e personalização dos cuidados com a saúde
soluções inteligentes de infraestrutura

Nossa missão

Por meio de nossa rede global de inovação e forte presença local, reunimos e desenvolvemos competências e conhecimento, dentro de uma organização de alta *performance*, objetivando gerar o mais elevado nível de valor agregado para nossos clientes, colaboradores, acionistas e sociedade.

[...]

Fonte: Siemens, 2011.

40

Você está agora estudando e se aperfeiçoando para o mercado de trabalho, certo? Mesmo antes de adquirir este livro, você tinha em mente chegar a algum lugar. Por isso, defina: sua missão, sua visão, seus valores e seus objetivos.

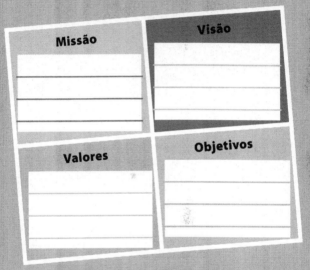

Saiba que este é seu planejamento estratégico e é assim que as empresas trabalham. O *planejamento estratégico* de uma organização é o esforço para produzir decisões que orientarão as ações da empresa, ou seja, a forma de administrar o negócio, de pensar os investimentos futuros, os produtos que serão comercializados, a tecnologia que será usada etc.

Não é exatamente isto o que você está fazendo agora? Investiu tempo e esforço com o objetivo de conseguir um emprego, uma promoção ou de, simplesmente, melhorar seus conhecimentos. Pois bem, de acordo com seu objetivo, você orientou sua estratégia (que é estudar); então, você também desenvolveu um planejamento estratégico. Simples, não?!

Tipos e tamanhos de empresas

As empresas são também chamadas de *pessoas jurídicas*, cuja definição é:

> Conhecemos como *pessoa jurídica* o sujeito de direito, ou seja, reconhecido por lei, composto por um grupo de pessoas ao qual se atribui artificialmente uma unidade.

Numa linguagem mais simples, podemos dizer que as empresas são **unidades econômicas com vida própria**, ou seja, possuem bens, organização administrativa e trabalho humano regulamentados por lei.

Uma pessoa jurídica/empresa nasce por conta da necessidade de um indivíduo de se unir a outros, para, juntos, desenvolverem uma atividade em nome do bem comum. Essas atividades podem ser de produção, distribuição e/ou comercialização de produtos ou serviços.

A variedade de atividades das empresas se deve ao fato de que as necessidades humanas são também muito variadas. Por isso, temos as indústrias de transformação, as prestadoras de serviços, as empresas rurais, as de transporte, as comerciais e as de Administração Pública.

Para que a empresa seja reconhecida legalmente, seus objetivos, suas características e seu capital social (dinheiro, bens móveis e imóveis) devem ser registrados em um documento chamado *contrato social*. Esse documento é o equivalente à certidão de nascimento para nós, pessoas físicas.

Como são vários os tipos de empresas, o Código Civil (Brasil, 2002) as classifica em:

Tipos de empresas S.A.

De direito público externo: São as instituições regidas pelo direito internacional. Exemplo: o Fundo Monetário Internacional (FMI) e a Organização das Nações Unidas (ONU). A União (República Federativa do Brasil) é considerada de direito público externo quando age, em nome da nação, em relações internacionais.

De direito público interno: É a União, quando administra internamente o país, com soberania sobre os estados-membros, bem como os estados, os municípios e o Distrito Federal, os quais têm suas autonomias (auto-organização, autolegislação, autogoverno e autoadministração) determinadas pela Constituição Federal, dentro de seus territórios.

De direito privado: Essas empresas podem se subdividir em:

Sociedades civis – União de duas ou mais pessoas, sem fins lucrativos.

Associações – Também uma associação de duas ou mais pessoas com a finalidade de exercer atividades públicas ou privadas. Normalmente, há a formação de um patrimônio comum com bens particulares de seus participantes.

Fundações – Formada pela união de pessoas, com a disposição de patrimônio destinado a um fim determinado por uma só pessoa do grupo.

Sociedades mercantis – União de pessoas, com fins lucrativos.

Partidos políticos – União de pessoas, com a finalidade de específica de exercer atividade política.

Está conseguindo acompanhar até aqui? Em resumo, temos empresas que atuam no cenário internacional, outras que trabalham para o governo, auxiliando no seu funcionamento, e outras que são particulares, que vendem produtos ou oferecem serviços. Fácil, não? Mas há também outras formas de classificação das empresas, como você verá a seguir.

Classificação por grau de propriedade

As empresas podem ser classificadas pela origem do capital que as criou e pelos integrantes da sociedade (Brasil, 2002):

Empresas públicas

São empresas que desenvolvem atividades comerciais com capital de origem do Poder Executivo dos municípios, dos estados ou da União, que escolhem a pessoa competente para administrar a empresa. Exemplo: Banco Nacional de Desenvolvimento Econômico e Social (BNDES), Empresa Brasileira de Pesquisa Agropecuária (Embrapa), Caixa Econômica Federal, Empresa Brasileira de Infraestrutura Aeroportuária (Infraero), Casa da Moeda do Brasil (CMB), entre outras.

Empresas privadas

São empresas que desenvolvem atividades comerciais com o capital e de administração de cidadãos civis, que se responsabilizam juridicamente pela empresa. Exemplo: comércio em geral e fábricas.

Empresa de economia mista

São empresas que têm participação pública e privada, numa sociedade por ações (S.A.). Nesse caso, o município, o estado ou a União detêm a maior parte das ações da empresa, o que garante a eles o direito de administrá-la. São exemplos dessas empresas as companhias de energia, de saneamento, Petrobras e o Banco do Brasil (BB).

Classificação pelo tipo de produção

Quanto à classificação pelo tipo de produção, as empresas são divididas em quatro setores:

Setor primário
Empresas de extrativismo e agropecuária.

Setor secundário
As empresas que transformam a matéria-prima do setor primário.

Setor terciário
Empresas prestadoras de serviços.

Setor quaternário
Empresas que desenvolvem atividades na área de educação e cultura.

Classificação pelo volume de capital

A classificação pelo volume de capital é feita com base nos recursos anuais da empresa e na quantidade de funcionários que ela possui. As empresas podem ser classificadas da seguinte maneira:

Microempresa
Receita operacional bruta anual: menor ou igual a R$ 2,4 milhões; de 1 a 19 funcionários.

Pequena empresa
Receita operacional bruta anual: maior que R$ 2,4 milhões e menor ou igual a R$ 16 milhões; de 20 a 99 funcionários.

Média empresa
Receita operacional bruta anual: maior que R$ 16 milhões e menor ou igual a R$ 300 milhões; de 100 a 499 funcionários.

> A título de informação, saiba que a receita operacional bruta anual de uma empresa é obtida pelo valor total da venda de bens e serviços das operações comerciais.

Grande empresa
Receita operacional bruta anual: maior que R$ 300 milhões; mais de 500 funcionários.

Fonte: Com base em BNDES, 2011; Sebrae, 2011.

1. O que é a globalização?

2. O que é o planejamento estratégico de uma empresa? Onde esse planejamento fica demonstrado?

3. Defina pessoa jurídica.

4. Como se classificam as pessoas jurídicas de acordo com o grau de propriedade?

5. De acordo com o tipo de produção, as empresas são classificadas em quatro setores. Explique que atividades são desenvolvidas por cada setor.

Para finalizar esta etapa do estudo, vale lembrar que existem ainda as empresas sem fins lucrativos, ou seja, as que têm como objetivo desenvolver atividades para atender às necessidades de grupos específicos. Essas empresas **não podem** apresentar lucro no final de um exercício financeiro (ano). Como essas "organizações" são muito conhecidas, cite exemplos de:

a) Sindicatos.

b) Associações.

c) Cooperativas.

d) Organizações não governamentais (ONGs) ou organizações da sociedade civil de interesse público (Oscip).

Você se recorda da nossa conversa sobre os tipos de empresas? Você sabia que o sócios, ou donos das empresas, podem dividir as responsabilidades e os lucros de seu trabalho de diversas formas? É o que nós chamamos de *sociedades mercantis*. Pela lei brasileira, elas podem assumir diferentes formatos. Os dois mais comuns são as sociedades anônimas (S.A.) e as sociedades limitadas (LTDA.) Você conhece as principais diferenças entre elas? Não? Então esta é uma boa oportunidade para melhorar seus conhecimentos. Pesquise na internet e saiba mais sobre esses tipos de sociedade.

> Uma boa dica é acessar o *site* http://www.produzindo.net/sociedade-anonima-o-que-e-e-como-funciona/ e ler um pouco mais sobre o tema!

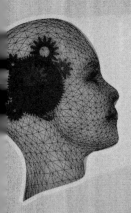

Luís é o dono de uma fábrica de camisetas promocionais. Ele se preocupa em oferecer para seus clientes um produto de qualidade e muito bem acabado. Recentemente, uma fábrica chinesa que vende os mesmos produtos, mas pela metade do preço, entrou no seu ramo de atuação. Como Luís poderá se manter no mercado e enfrentar essa concorrência? Que sugestões você daria a ele?

3. O profissional de apoio administrativo

Bem, agora que você já conheceu um pouco mais sobre as teorias administrativas, as empresas e a globalização, vamos ver, de forma detalhada, a função do profissional de apoio administrativo.

É função do auxiliar administrativo:

- ajudar o departamento administrativo;
- organizar o arquivo de documentos;
- digitar memorandos e cartas comerciais;
- administrar a distribuição de duplicatas;
- em alguns casos, acompanhar os resultados de vendas.

Saiba mais sobre duplicatas na página seguinte.

É por conta da execução dessas atividades pelo auxiliar administrativo que a equipe administrativa da empresa consegue mais agilidade em suas tarefas diárias.

Duplicata – Título privado de crédito mediante o qual o comprador de um bem se compromete a pagar ao vendedor, no prazo fixado, a importância estipulada. Corresponde a uma cópia da fatura que, nas vendas comerciais a prazo, o vendedor é obrigado a entregar ao comprador; este devolverá ao vendedor a duplicata assinada, caso as condições da transação atendam ao combinado. A duplicata contém o número e a importância da fatura, os nomes e os domicílios do vendedor e do comprador, a data de vencimento, a cláusula, a ordem e o lugar onde o pagamento deve ser feito. Em geral, o vendedor negocia a duplicata com um estabelecimento bancário e este encarrega-se de enviá-la e cobrá-la do comprador. As duplicatas são protestáveis por falta de assinatura, devolução ou pagamento. Emitir uma duplicata sem venda de mercadorias (fraude a que recorrem certas empresas quando escasseia o crédito na praça) é crime punível pela lei (Sandroni, 1994, p. 106).

Veja, a seguir, um modelo de duplicata.

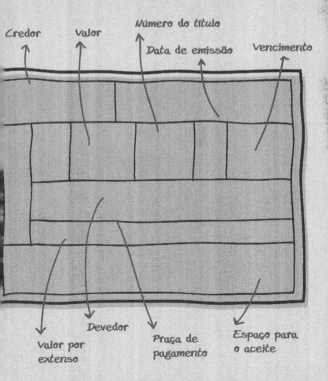

Você está desenvolvendo e aprimorando as **habilidades conceituais e técnicas** nesta nossa conversa, conhecendo as teorias administrativas, rotinas e documentos utilizados pelo setor administrativo. Nós já falamos sobre estas habilidades na introdução do livro, lembra? Que tal voltar lá e dar uma nova lida nas definições?

Vamos falar agora um pouco mais sobre as **habilidades humanas** e atitudes que precisam ser desenvolvidas pelo profissional de apoio administrativo. Nós também já conversamos um pouco sobre elas na introdução, certo?!

Todos nós possuímos **determinadas características que nos diferenciam dos demais**, seja na forma de pensar e/ou de agir. Dependendo do tipo de situação a que estamos expostos, adotamos atitudes e comportamentos diferentes. Vamos refletir um pouco mais sobre isso.

Que tipo de reação você tem quando está muito cansado? E quando está contente? Ou quando é contrariado? As outras pessoas com quem você convive têm essas mesmas reações nos mesmos momentos?

Depois dessa reflexão, você conseguiu compreender melhor o que estamos falando?

Fique atento!

> É importante saber que, apesar de alguns comportamentos nos parecerem normais e aceitáveis em nossa casa ou com amigos, eles podem ser inconvenientes no ambiente de trabalho.

Para evitar situações constrangedoras no trabalho, veja algumas atitudes que devem ser observadas no dia a dia profissional:

Manual do Auxiliar Administrativo

Cuidar da higiene pessoal

É preciso sempre se apresentar ao trabalho de banho tomado, dentes escovados, cabelos penteados, roupa passada e sapatos limpos. Cuidado na hora de se vestir:

mulheres com maquiagem suave, roupas e acessórios discretos;

homens de barba feita e cabelos cortados.

Observar a higiene no ambiente de trabalho

Cuidado com arrumação de seu armário, a organização e limpeza de sua mesa.

Ser pontual

Horários de trabalho existem para ser cumpridos. Chegar 15 minutos atrasado a um encontro com um colega não apresenta sérios problemas, mas no trabalho pode significar falta de comprometimento.

Demonstrar boa vontade nas solicitações de seu superior e de seus colegas

Nada de torcer o nariz quando lhe pedirem para fazer alguma tarefa ou no momento em que estiver recebendo alguma orientação, ok?!

Evitar a ingestão de substâncias químicas e bebidas alcoólicas

Antes, durante e depois do trabalho.

Alimentar-se apenas nos **horários e locais estabelecidos pela empresa**.

Estar atento a todos os detalhes de suas tarefas
Se você quer se destacar, precisa fazer a diferença.

As atitudes mencionadas fazem parte do que chamamos de *etiqueta empresarial*. Utilizando-as, você certamente fará seu *marketing* pessoal, ou seja, conseguirá se destacar positivamente no ambiente de trabalho.

A comunicação e o relacionamento interpessoal

Uma das primeiras habilidades desenvolvidas por todos os indivíduos é a **capacidade de se comunicar**, pois estamos constantemente nos relacionando com outras pessoas. Desde os primeiros meses de vida, tentamos fazer com que nossos pais ou cuidadores atendam às nossas necessidades, primeiro pelo choro, depois pelas expressões faciais, pelos gestos e, finalmente, pela fala. À medida que vamos crescendo, nossa capacidade de comunicação melhora, porque nosso vocabulário aumenta.

fique atento!

A frase *"quem lê muito, fala e escreve muito bem"* é verdadeira, pois o indivíduo que tem o hábito da leitura passa a conhecer mais palavras, e elas são apresentadas em diferentes situações nos livros.

No entanto, algumas pessoas apresentam dificuldades para se expressar. Essas dificuldades podem ter causas pedagógicas ou funcionais.

No caso da **dificuldade pedagógica**, a reversão pode acontecer por meio de estímulos externos (leitura) e automotivação.

Porém, quando as dificuldades são **funcionais** (físicas), o acompanhamento de profissionais especializados, como fonoaudiólogos e neuropediatras, é necessário.

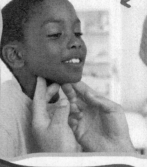

Já aprendemos então a regra básica para a boa comunicação — a **leitura**. Quando falamos em ler mais, não significa ler livros de que você não goste ou muito grandes. Vale ler qualquer coisa: revistas, gibis e livros que lhe agradem. O importante é ler para conhecer novas palavras e descobrir como "juntá-las" de forma que as suas ideias possam ser construídas de maneira clara.

Reflita um pouco e lembre-se de um livro de que você tenha gostado muito. Que tipo de história era? Procure então, outros livros parecidos. Se você for uma daquelas pessoas que diz que não gosta de ler, em pouco tempo, vai se tornar um grande leitor.

Bem, vamos falar agora sobre os **conceitos de comunicação**.

Comunicação é a transmissão de informações mais a resposta a essas informações, ou seja, é a **troca de mensagens entre as pessoas**.

curiosidade

Veja no infográfico a seguir um esquema que explica como funciona a comunicação e os integrantes dessa ação:

1. Emissor
Pessoa que deseja transmitir uma informação.

2. Mensagem
A informação a ser transmitida de forma organizada.

Para que a comunicação ocorra de forma eficiente, veja quais são seus principais elementos:

3. Canal ou meio
É o recurso que será utilizado para transmitir a mensagem. Ele pode ser a fala (comunicação verbal), uma mensagem de texto no celular, um *e-mail*, um telefonema, entre outros.

Codificação
Diz respeito à organização da informação a ser transmitida por parte do emissor, de maneira que o receptor a entenda.

Decodificação
É a compreensão da mensagem por parte do receptor, fundamentando-se na riqueza de vocabulário de cada pessoa.

Feedback
É o retorno dado pelo receptor ao emissor da mensagem, o momento no qual é demonstrado que aquilo que foi dito, falado ou escrito foi compreendido.

4. Receptor
Pessoa para quem o emissor deseja passar a informação.

É muito importante que você, pretendente ao cargo de apoio administrativo ou profissional já atuante na área, saiba que, no momento em que receber uma mensagem (seja ela uma explicação, um pedido etc.), deve devolver um *feedback* ao emissor, afinal, como vimos no esquema da comunicação, existem ruídos no meio em que a mensagem é transmitida, e estes ruídos dificultam a compreensão da mensagem.

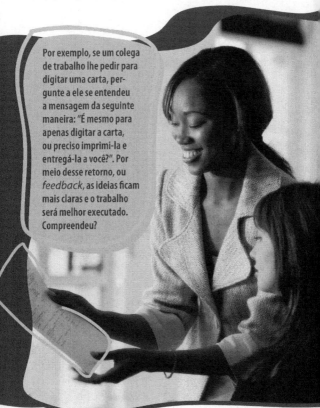

Por exemplo, se um colega de trabalho lhe pedir para digitar uma carta, pergunte a ele se entendeu a mensagem da seguinte maneira: "É mesmo para apenas digitar a carta, ou preciso imprimi-la e entregá-la a você?". Por meio desse retorno, ou *feedback*, as ideias ficam mais claras e o trabalho será melhor executado. Compreendeu?

Da mesma maneira, quando enviar uma mensagem para alguém, pergunte a essa pessoa o que ela entendeu. Afinal, nem sempre conseguimos nos expressar da melhor maneira o tempo todo. Com essa atitude, o relacionamento interpessoal fica bem mais simples!

Veja no texto a seguir o que pode acontecer numa empresa quando não se pede *feedback* da mensagem enviada.

De: PRESIDENTE para Diretor

Na sexta-feira próxima, às 15hs, o Corpo de Bombeiros fará uma palestra sobre a prevenção e combate de incêndios no pátio da empresa. Todos os funcionários, em especial os supervisores de fábrica, deverão estar presentes. É muito importante que todos levem papel e caneta para fazer anotações de como utilizar e onde localizar os extintores de incêndio.

De: DIRETOR para Gerentes

O Sr. Presidente convoca a todos, inclusive os supervisores de fábrica, para que, na próxima sexta-feira, às 15hs, reúnam-se no pátio da empresa para assistir a uma exibição do Corpo de Bombeiros sobre a prevenção e o combate de incêndios. Serão utilizados extintores, por isso, todos devem ter em mãos papel e caneta.

De: GERENTES para Coordenadores

Na próxima sexta-feira, às 15hs, nosso diretor convida para uma maravilhosa apresentação do Corpo de Bombeiros, no pátio da fábrica, sobre como apagar e prevenir incêndios utilizando os extintores da empresa. Os supervisores devem levar papéis e canetas, além dos extintores de suas áreas.

De: COORDENADORES para Supervisores

Como a situação na fábrica anda pegando fogo, o diretor chamou o Corpo de Bombeiros para ensinar a todos, inclusive aos supervisores, como prevenir essa situação, utilizando extintores de incêndio. Você e sua equipe devem levar papel e caneta para ajudar a aumentar a fogueira, que será feita às 15hs, na sexta-feira, no pátio da fábrica. Levem também os extintores de sua área para ajudar a apagar o incêndio, caso a situação saia de controle.

Com relação à comunicação no relacionamento interpessoal, existe mais uma coisa muito interessante, pois há dois tipos de informação: as que passamos por meio do que dizemos e as que demonstramos por meio das nossas mãos, dos nossos olhos, do nosso tom de voz, enfim, do nosso corpo. Estamos falando da comunicação **verbal** e ***não verbal***. Vejamos cada uma delas:

Comunicação verbal – É a que ocorre mediante a linguagem, ou seja, a fala. Essa é a forma mais comum e, ao mesmo tempo, a mais complicada. Veja um exemplo:

A palavra *não* tem um sentido negativo, certo? Porém, quando você diz a alguém "pois não", na verdade está dizendo "sim". Da mesma maneira, quando diz a alguém "pois sim", está dizendo "não".

Vale lembrar que, no ambiente de trabalho, o uso de gírias e abreviações é expressamente proibido. Lembra-se de que falamos que alguns comportamentos que nos parecem normais e aceitáveis em nossa casa ou com amigos podem ser inconvenientes no ambiente de trabalho? Esse é mais um caso!

Comunicação não verbal – É a que ocorre por meio do olhar, dos gestos, dos tons da voz e das expressões faciais. Os especialistas dizem que **apenas 7% do conteúdo de uma mensagem é transmitido pela linguagem verbal, já os demais 93% se dão mediante a linguagem não verbal**. Por isso, preste muita atenção na postura, no tom de voz e nas expressões faciais de quem está falando com você. Isso o ajudará no relacionamento interpessoal, pois facilitará sua compreensão sobre as emoções do outro.

Com certeza, você já deve ter se divertido com seus amigos na brincadeira de mímica com nomes de filmes. A mímica é uma das formas de comunicação não verbal. Vejamos outras:

O olhar – Juntamente com a face, expressa um amplo número de mensagens.

As posturas – As atitudes do corpo quando as pessoas estão eufóricas, deprimidas, tensas, cansadas etc.

Modulações e entonações da voz – Acompanham uma mesma frase ou palavra, configurando-lhe mensagens diferentes, como no caso do "pois sim" e do "pois não".

Completando agora o nosso esquema de comunicação, temos, de forma simplificada, a seguinte figura:

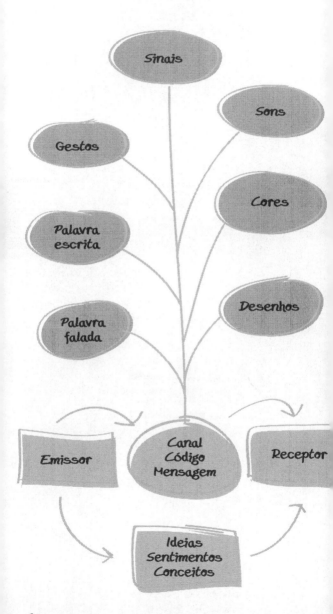

Ética e trabalho interpessoal

Falar sobre *ética* é um pouco complicado, pois esta é uma daquelas palavras que todo mundo conhece, mas que a explicação não é simples. No *Minidicionário Houaiss de língua portuguesa* (Houaiss; Villar; Franco, 2009, p. 324), temos a seguinte definição para ética:

Ética: Conjunto de preceitos sobre o que é moralmente certo ou errado; parte da filosofia dedicada aos princípios que orientam o comportamento humano.

Achou a definição da palavra um pouco complicada? Então, vamos simplificar: a palavra *ética* vem do termo grego *ethos* e também do latim *morale*, e essas duas palavras possuem o mesmo significado: **conduta ou relativo aos costumes**. No entanto, ética e moral – conceitos que se complementam – não são iguais.

Vejamos um exemplo prático da diferença entre moral e ética: a cultura muçulmana diz que é moralmente correto as mulheres cobrirem a cabeça e os cabelos com lenços; já para nós, brasileiros e cristãos, essa regra de conduta não é válida. Esse exemplo está

Moral é o **conjunto de regras de conduta para pessoas e seus grupos**, definindo as condições para os nossos atos, enquanto a ética **estuda a ação e a conduta humana**, uma teoria. A ética se refere à opção de manter relações justas e aceitáveis, que observem a princípios éticos, em qualquer situação.

relacionado à moral. Já a ética estuda o porquê dessa regra de conduta ser válida para os muçulmanos e não para os cristãos. Ficou mais simples agora?

65

Veja no quadro a seguir as principais diferenças entre ética e moral

Ética	Moral
Apenas o estudo	Conjunto de regras de conduta aceitas por determinado grupo de pessoas.
Reflexão filosófica sobre as normas de conduta	Descrição e definição das normas de conduta
Reflexão sobre a moral definida	Vivência da moral definida
Teoria do comportamento humano	Comportamento humano

Toda profissão possui seu conjunto de regras e normas de conduta. Nós podemos chamá-lo de *ética profissional*. A ética profissional tem base nos comportamentos obrigatórios para que o profissional desenvolva um trabalho de qualidade, abrangendo o bom relacionamento entre os membros da equipe, o respeito pela sociedade e a integridade nas atitudes diárias.

investigue no Google

Se você quiser conhecer integralmente o *Código de Ética do Profissional Administrador*, acesse o *site* do Conselho Regional de Administração de São Paulo, no *link* http://www.crasp.com.br/index2.asp?secao=203. Outra dica muito boa sobre o tema é o livro *Ética profissional*, do autor Antônio Lopes de Sá (2011). Vale a pena dar uma passadinha na livraria!

Os profissionais de apoio administrativo devem ser íntegros, ou seja, ter honestidade, lealdade, probidade e competência. Você sabe o que significam essas quatro poderosas palavras? Veja a seguir:

A **honestidade** está relacionada à confiança que é depositada no profissional, afinal ele é responsável pelo bem de terceiro: empresa. Lembra-se do conceito *pessoa jurídica*?

A **lealdade** diz respeito a agir com convicção, dentro de um comportamento que mostre interesse pela empresa. O profissional leal se orgulha de fazer parte de um determinado grupo, fala sempre a verdade e cumpre rigorosamente as suas responsabilidades.

A **probidade** é a integridade de caráter e a honradez, que se traduzem pelo respeito aos bens e direitos dos demais. No aspecto profissional, a probidade pode ser entendida como honestidade e competência funcional.

A **competência**, por sua vez, está relacionada à eficiência nas atividades diárias da profissão.

Como a palavra *eficiência* surgiu na explicação de *competência*, vamos esclarecê-la com base nas definições de Roberto Shinyashiki, no livro *A revolução dos campeões* (2010):

Eficiente – É aquele funcionário do hospital que preenche a ficha corretamente e não se importa se tem gente morrendo na fila.

Eficaz – Preenche mais rápido a ficha e dá prioridade para quem está morrendo.

Efetivo – Inventa um jeito de acabar com a fila.

Reflita a respeito: com base nas definições apresentadas, você acredita que o profissional de apoio administrativa precisa ser eficiente, eficaz ou efetivo? Por quê?

Voltando ao nosso estudo, todas as qualidades apresentadas podem ser desenvolvidas e aperfeiçoadas por meio da **determinação**. Não é exatamente isso que você está fazendo agora, se preparando/aperfeiçoando para o mercado de trabalho? Estudar os assuntos relacionados à sua área de atuação, e também os demais, é a melhor maneira de se desenvolver. **Olhe a leitura aparecendo por aqui novamente!**

Bem, para realizar um excelente trabalho interpessoal, é importante estar atento a todas as qualidades expostas anteriormente e também aos valores éticos. Esses valores são:

Unidade – É a harmonia entre os membros de uma equipe; é conseguida quando se reconhece a importância do outro para que uma tarefa seja realizada.

Cooperação – Quando você deseja realmente que uma tarefa seja executada, direciona energia e força positiva para o trabalho e para seus colegas, o respeito mútuo é a base para a cooperação.

Liberdade – Ter liberdade é o sonho de todos, mas é preciso lembrar que sua liberdade acaba onde começa a de seu colega; assim, a consciência humana é fator essencial para que a liberdade se torne real.

Honestidade – Complementando a explicação dada anteriormente, honestidade é fazer o que se fala e falar o que se faz, sem que haja contradições nas palavras e ações.

Amor – Amor não é desejo, e sim o princípio que cria e sustenta as relações humanas, com dignidade e profundidade.

Humildade – Não significa ser submisso, mas realmente escutar e aceitar os outros.

Paz – Outra palavra que conhecemos bem, mas cuja explicação é complicada. Paz é um sentimento interior relacionado ao poder da verdade.

Respeito – Acontece dentro de cada um; primeiro, é necessário ter respeito por si mesmo para, depois, saber respeitar os outros. Por isso, está diretamente relacionado ao autoconhecimento.

Simplicidade – É a não complicação da mente, a liberdade de pensar e agir de forma descomplicada.

Responsabilidade – Está relacionada ao dever de cumprir com seu trabalho, mantendo-se fiel à meta estipulada.

Tolerância – É a capacidade de adaptação do indivíduo ao meio em que vive e trabalha, compreendendo que as diferenças pessoais são um fator positivo.

Luz, câmera, ação!

Como você pôde observar, todos esses valores dos quais falamos não são diferentes daqueles que devemos defender na sociedade. Assista ao filme *Corrente do bem* (2000). Eugene Simonet (Kevin Spacey) é um professor preocupado em fazer de seus alunos pessoas de bem, e propõe um projeto audacioso: suas crianças devem olhar o que tem de errado na sociedade e tentar consertar. Trevor (Haley Joel Osment) leva o projeto a sério, criando uma corrente de ajuda entre os membros de sua comunidade. O que acontece? Assista ao filme e descubra!

Motivação no ambiente de trabalho

Na definição de pessoa jurídica, vimos que uma empresa é composta por seu patrimônio (imóveis, capital, produtos, automóveis etc.). Algo mais?

Sim: por **pessoas!** São responsáveis por dar vida à empresa, pois sem elas nada funciona. Sendo assim, criar um ambiente de trabalho agradável é a maior preocupação de todo administrador.

> **Num ambiente de trabalho agradável, todos estão motivados e atentos aos princípios éticos.**

A motivação está relacionada ao comprometimento de todos os membros do grupo para que os objetivos da empresa realmente aconteçam. Para isso, **ter responsabilidade, autoestima e paixão pelo que se faz é essencial**. A motivação é também uma vontade muito grande de realizar algo, uma energia que precisa estar presente em todos os profissionais, pois é isso que nos faz seguir em frente, assumindo riscos e criando novas alternativas.

Uma pessoa saudável e motivada consegue usar sua energia para contagiar os colegas, favorecendo a frase "eu posso". Para saber se você é uma dessas pessoas motivadas e otimistas que conseguem contagiar o ambiente de forma positiva, reflita sobre as questões a seguir:

1. Tenho objetivos claros e consigo motivar as pessoas com quem me relaciono?
2. Quando me deparo com uma situação difícil, consigo utilizar a comunicação verbal para diminuir o estresse do grupo?
3. Sou uma pessoa que está sempre feliz e bem-humorada?
4. Minha apresentação pessoal é uma preocupação diária?
5. Cuido, com a mesma atenção e carinho, tanto da minha saúde física quanto da mental?
6. Quando sinto que mereço, dou-me um presente?
7. Não tenho vergonha de expor minhas ideias e projetos, mesmo quando acho que não serão aceitos?
8. Para mim, o mundo é um lugar cheio de possibilidades?
9. Nem mesmo um congestionamento de trânsito consegue modificar meu humor, pois utilizo o tempo para relaxar ou inventar algo novo?
10. Não consigo ficar calado diante de uma injustiça?

Se você respondeu "sim" para a maioria das perguntas anteriores, significa que você está com a autoestima alta e contagia a todos à sua volta. Parabéns!

Porém, se você respondeu "não" para a maioria dos questionamentos, está na hora de mudar suas atitudes. Todos nós enfrentamos dificuldades; a diferença entre os que se destacam é a forma de ver as diferentes situações. Pense nisso!

Plano de carreira: tendências e perspectivas

Antes de falar especificamente do plano de carreira e das tendências para o profissional de apoio administrativo, vamos enfatizar que todas as atitudes que serão conversadas durante este capítulo fazem parte do seu *marketing pessoal*, ou seja, da venda de sua imagem e da etiqueta profissional, a forma de agir no ambiente de trabalho.

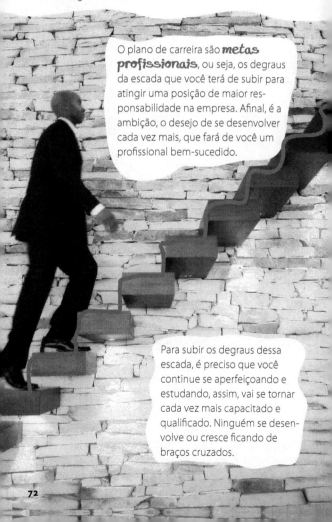

O plano de carreira são **metas profissionais**, ou seja, os degraus da escada que você terá de subir para atingir uma posição de maior responsabilidade na empresa. Afinal, é a ambição, o desejo de se desenvolver cada vez mais, que fará de você um profissional bem-sucedido.

Para subir os degraus dessa escada, é preciso que você continue se aperfeiçoando e estudando, assim, vai se tornar cada vez mais capacitado e qualificado. Ninguém se desenvolve ou cresce ficando de braços cruzados.

Faça os cursos e treinamentos que a empresa oferecer e, também, continue com a educação formal, aquela da escola mesmo. Terminar o ensino médio e fazer uma faculdade é essencial para quem quer atingir **maturidade profissional**.

A maturidade profissional está ligada à capacidade de agir e reagir de forma inteligente no ambiente de trabalho, argumentando e participando criativamente nas rotinas de trabalho.

Como já falamos antes, o mundo está em constante mudança por causa da globalização e é preciso estarmos sempre nos atualizando, estudando mesmo, para não nos tornarmos obsoletos no mercado!

Traçar metas com base nas suas qualidades pessoais, reconhecendo também os pontos negativos e trabalhando para melhorá-los, é importante para um bom plano de carreira.

Outro item que merece ser observado é a **flexibilidade**. Certamente, muitas mudanças acontecerão ao longo do tempo, mudanças no mundo, na profissão escolhida e nos planos que você traçou. Utilize essas mudanças para redirecionar-se sempre que necessário.

1. Qual a principal função do auxiliar administrativo?

2. Quais as principais atitudes do auxiliar administrativo no dia a dia profissional?

3. O que significa comunicação? Quais são seus principais elementos?

4. Diferencie ética de moral.

5. O que é *marketing* pessoal? Qual a melhor forma de desenvolvê-lo?

Veja uma reportagem, do consultor de carreiras Max Gehringer feita para o Fantástico. O vídeo fala sobre *marketing* pessoal e maneiras de você subir de cargo em uma empresa. Acesse o *link*: http://www.youtube.com/watch?v=QT7JSqWuWTc.

Agora que você já tem uma ideia de todos os instrumentos e conhecimentos que terá de desenvolver em sua empreitada profissional, está na hora de esboçar seu **plano de carreira**. Pense em suas qualidades e no que sente prazer em fazer. Depois disso, veja onde está e aonde quer chegar. Lembre-se: o primeiro passo é sempre o mais difícil!

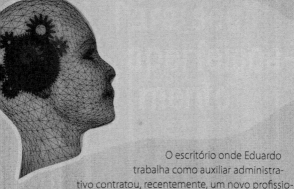

O escritório onde Eduardo trabalha como auxiliar administrativo contratou, recentemente, um novo profissional que tem necessidades especiais – Hugo, que sofreu um acidente de carro e hoje só consegue se locomover utilizando cadeira de rodas. Outra sequela deixada pelo acidente foi a dificuldade na fala. Mesmo com necessidades especiais, Hugo entrou para a faculdade e conseguiu o emprego.

Dois dias depois que o Hugo começou a trabalhar no escritório, Eduardo e seus colegas começaram a rir dele por causa das dificuldades em se comunicar.

Se você fizesse parte do grupo de colegas do Eduardo, que atitude teria? Por quê?

Quais os valores éticos que não estão sendo respeitados por Eduardo e seus amigos?

Se você estivesse no lugar de Hugo, como agiria?

4. Organização dos ambientes de escritório

A palavra *organização* tem origem no latim e no grego, nas palavras *organum* e *organon*, respectivamente. Ambas significam "ferramenta" ou "instrumento".

No português, a palavra *organização* nos traz a ideia de ordem e arrumação. Porém, se pensarmos bem, a organização no trabalho e na vida pessoal é uma ferramenta que nos auxilia na resolução de problemas e no alcance dos nossos objetivos.

As empresas estão sempre preocupadas em arrumar, organizar e pôr em ordem suas máquinas, seus equipamentos, seus setores, seus móveis, seus objetos e suas pessoas. Já imaginou se, em uma fábrica, as máquinas, os automóveis e as pessoas que trabalham no setor administrativo ficassem todas juntas, num mesmo espaço? Com certeza ninguém conseguiria trabalhar direito!

Bem, se a organização é tão importante para as empresas, também é importante para o profissional de apoio administrativo. Sendo assim, **manter em ordem os documentos, os dados e as informações é uma função do apoio administrativo**. Mas como fazer tudo isso? É o que você vai descobrir a seguir!

Utilização adequada dos espaços: organização do ambiente de trabalho

O termo *layout* refere-se à arrumação física de um determinado local, ou seja, como devem ficar distribuídos os móveis e equipamentos de um escritório, de forma que a "identidade" das pessoas que trabalham nesse local fique evidente.

Vamos falar agora sobre a utilização adequada dos espaços e da organização do ambiente de trabalho. Existe uma palavra em inglês que se refere a esses conceitos: layout.

Quando o ambiente de trabalho é claro e bem-organizado, ele transmite a sensação de limpeza e bem-estar, o que faz com que os profissionais que ali trabalham sintam-se bem e à vontade.

Em um *layout* agradável e prático, a circulação de pessoas é fácil, afinal, ninguém gosta de sair do trabalho com as canelas roxas por causa das topadas nas quinas dos móveis. No seu local específico de trabalho – a mesa – e nos seus arquivos eletrônicos e de documentos, é muito importante que você se preocupe com o *layout* e a organização. Usar a desculpa "eu me acho na minha bagunça" não vale para a área profissional. Imagine se acontece um imprevisto que lhe impossibilite de comparecer ao trabalho por alguns dias: seus colegas de trabalho precisarão encontrar papéis, documentos ou outros materiais para dar sequência ao trabalho já iniciado. Como eles acharão o que necessitam em meio a uma bagunça? *Organização no ambiente de trabalho reflete respeito por você mesmo e por seus colegas.*

fique atento!

Uma dica interessante para tornar o ambiente de trabalho agradável é *utilizar as cores de forma harmônica*, utilizando arranjos de plantas que não ocupem muito espaço, canetas (apenas as que for utilizar para seu trabalho diário), porta-lápis, bandeja de papéis, entre outros.

curiosidade

A cor de que você mais gosta diz muito sobre sua personalidade, sabia? Então, antes de estudar as cores, pense em qual é a sua preferida. Agora, leia as definições a seguir e aprenda mais sobre você mesmo e sobre as cores!

Cores primárias

Também chamadas de *cores puras*, por não serem obtidas pela mistura de cores. Elas são:

Cor que simboliza a tranquilidade e a serenidade, por ser relacionada à cor do céu e do mar. As palavras que definem esta cor são: organização, boa memória, planejamento e facilidade de administrar.

Fonte de energia, vitalidade e coragem, esta cor estimula a alegria. As palavras que a definem: paixão, emoção, explosão, afetividade, sensibilidade e carinho.

Representa energia, brilho, calor, otimismo, alegria e intelectualidade, por fazer referência ao sol.

Cores secundárias

São as formadas pela mistura de duas cores primárias. São elas:

Mistura do vermelho com o amarelo, esta cor, quando utilizada em ambientes, auxilia o processo criativo. "As pessoas que gostam de laranja possuem uma energia radiante e transformadora, são alegres, voluntariosas e generosas" (Lua Mágica, 2004).

Mistura do azul com o vermelho. Tons suaves como o violeta representam equilíbrio, discernimento, inteligência e autocontrole.

…ura do azul com o
…elo. Esta cor é muito utilizada
…ntura de ambientes hospitalares, pois
…ssociada à cura. Outras qualidades atribuídas ao
… são: aliviar a tensão, representar esperança, estimular a
…ia, inovação e espontaneidade.

Cores terciárias

São todas as demais e resultam da mistura entre uma cor primária e uma secundária.

A saber:

A cor **preta** é a mistura de todas as cores e representa cautela, astúcia, objetividade, verdade, franqueza e raciocínio lógico.

A cor **branca** é a ausência total de cor e representa tranquilidade, paz, mediação e negociação.

Para ajudar na organização e utilização adequada dos espaços, existe uma dica que não é nova nem inédita, mas é muito eficiente: é o **programa 5S**, que enfatiza a prática de bons hábitos integrando os verbos *pensar*, *sentir* e *agir*. O termo 5S é utilizado por causa das cinco palavras japonesas que iniciam com a letra "S" e que fazem parte do programa.

Os conceitos do programa são:

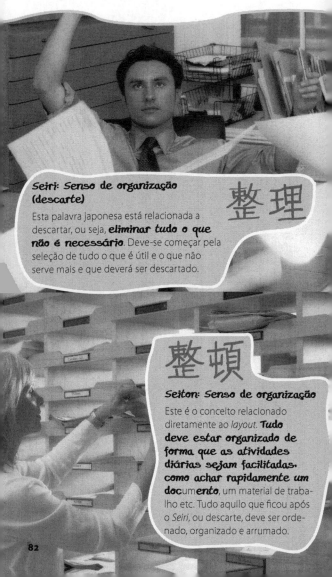

Seiri: Senso de organização (descarte)

Esta palavra japonesa está relacionada a descartar, ou seja, **eliminar tudo o que não é necessário**. Deve-se começar pela seleção de tudo o que é útil e o que não serve mais e que deverá ser descartado.

Seiton: Senso de organização

Este é o conceito relacionado diretamente ao *layout*. **Tudo deve estar organizado de forma que as atividades diárias sejam facilitadas, como achar rapidamente um documento**, um material de trabalho etc. Tudo aquilo que ficou após o *Seiri*, ou descarte, deve ser ordenado, organizado e arrumado.

清掃

Seiso: Senso de limpeza

Não está relacionado apenas à limpeza do local de trabalho, coisa que é muito importante, mas diz respeito também a **cuidar com carinho de todos os materiais e equipamentos disponíveis para executar as tarefas diárias**. Lembre-se de que você mesmo pode ser o próximo a utilizar o material em questão!

Seiketsu: Senso de asseio/padronização

Traduzindo literalmente, o significado do termo *seiketsu* para o português é "**manter as condições de trabalho, físicas e mentais, favoráveis à saúde do indivíduo**". Nós já falamos alguma coisa sobre isso no início do Capítulo 3, lembra? O bem-estar e o relacionamento interpessoal estão relacionados a esse conceito, usando os princípios éticos como pano de fundo para as ações diárias. Dentro desse conceito, a higiene pessoal é considerada o primeiro passo para uma vida saudável.

清潔

Shitsuke: Senso de autodisciplina

Esta palavra significa que **as ações explicadas anteriormente devem ser adotadas como hábitos na vida diária e transformados em disciplina.** Ou seja, deixar de lado velhos hábitos é uma necessidade na vida pessoal e profissional. É pela autodisciplina que a transformação acontece.

E então, você está harmonizado com a política do programa dos 5s? Faça uma rápida avaliação e veja se o seu espaço de trabalho é eficiente, organizado e alinhado com a imagem que a empresa em que você trabalha quer transmitir.

Seiri

1. Existem materiais desnecessários na sua área de trabalho ou no seu quarto, na sua casa, na sua bolsa etc.?

    ☐ Sim ☐ Não

2. Os objetos costumam ficar fora de seus lugares?

    ☐ Sim ☐ Não

3. Todos os objetos que estão em cima de sua mesa são utilizados?

    ☐ Sim ☐ Não

4. Existe lixo na sua bolsa ou na sua mesa de trabalho?

    ☐ Sim ☐ Não

Seiton

1. Você guarda cada tipo de objeto em um local específico?

    ☐ Sim ☐ Não

2. Você anota todos os recados e avisos?

    ☐ Sim ☐ Não

3. Existe algum material ou produto fora do lugar em sua mesa?

    ☐ Sim ☐ Não

4. Existem objetos e entulhos atrás, em cima ou embaixo dos seus armários? E na sua bolsa?

    ☐ Sim ☐ Não

Seiso

1. Você tem o hábito de desdobrar os clipes de papel e depois jogá-los fora?

    ☐ Sim ☐ Não

2. Você utiliza os dois lados de um papel?

    ☐ Sim ☐ Não

3. Você mastiga as tampinhas das canetas?

    ☐ Sim ☐ Não

4. Você costuma imprimir tudo o que lhe enviam por *e-mail*?

    ☐ Sim ☐ Não

Seiketsu

1. Você tem o hábito de elogiar seus colegas de trabalho e amigos?

   ☐ Sim   ☐ Não

2. Você faz exercícios regularmente?

   ☐ Sim   ☐ Não

3. Você costuma comer exageradamente?

   ☐ Sim   ☐ Não

4. Você tem mais facilidade em fazer amigos?

   ☐ Sim   ☐ Não

Shitsuke

1. Manter a rotina é difícil para você?

   ☐ Sim   ☐ Não

2. Você consegue se manter motivado por longos períodos de tempo?

   ☐ Sim   ☐ Não

3. Você é disciplinado?

   ☐ Sim   ☐ Não

fique atento!

Lembre-se: *"Se está bom, pode ficar ainda melhor!"*

Faça uma reflexão sobre os 5S para sua vida pessoal.

Seiri: como será importante descartar as ideias velhas, **reeducando-se**.

Seiton: como será valioso **arrumar** e **ordenar** o seu conhecimento.

Seiso: como será significativo ter **atitudes limpas**.

Seiketsu: como será contagiante ter **comportamentos** e **relacionamentos** saudáveis.

Shitsuke: não mudar significa não **evoluir**, não adaptar-se, **ficar para trás**.

Praticar o 5S na sua vida pessoal e profissional contribuirá para o seu sucesso.

Fonte: Anglo Talent, 2011.

Empreendedorismo, criatividade e inovação

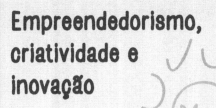

No mundo dos negócios, *empreender* significa ter grandes ideias, criar novos negócios, planejar o futuro e *agir*. Porém, para que as grandes ideias continuem vivas, é preciso ter conhecimento, boas técnicas e estratégias para solucionar os problemas que surgirem pelo caminho.

Ser empreendedor na vida pessoal e profissional significa ter coragem para vencer desafios, assumir responsabilidades, estar constantemente se autoavaliando e buscando aperfeiçoamento. De forma mais simples, podemos dizer que o empreendedor precisa estar sempre *inovando*.

Para ser um empreendedor na vida, é fundamental ser perseverante e criativo, pois é a criatividade que nos faz achar as soluções mais eficazes para os problemas que surgem pelo caminho.

Veja as definições de *empreendedorismo*, *criatividade* e *inovação* a seguir:

Criatividade

"Talento para criar, inventar, inovar; inventividade" (Houaiss, 2009, p. 201).

Inovação

"Concepção, proposição e/ou realização de algo novo; coisa nova, novidade" (Houaiss, 2009, p. 424).

Empreendedorismo

Habilidade do empreendedor. "Empreendedor é aquele que decide fazer uma tarefa difícil e trabalhosa, tenta, coloca em execução, realiza" (Houaiss, 2009, p. 278).

> Perceba como esses três conceitos estão intimamente relacionados. O empreendedor é uma pessoa criativa e inovadora.

Todos nós precisamos ser empreendedores durante nossa vida, em especial no desenvolvimento das atividades profissionais.

Veja a seguir as principais características de um bom empreendedor no dia a dia profissional:

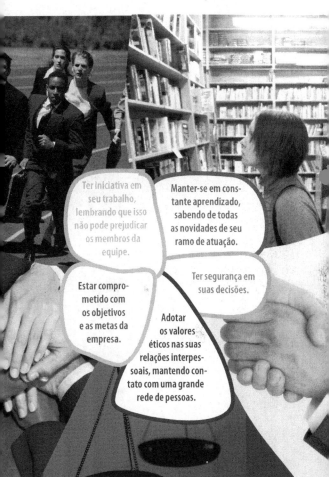

- Ter iniciativa em seu trabalho, lembrando que isso não pode prejudicar os membros da equipe.
- Manter-se em constante aprendizado, sabendo de todas as novidades de seu ramo de atuação.
- Estar comprometido com os objetivos e as metas da empresa.
- Ter segurança em suas decisões.
- Adotar os valores éticos nas suas relações interpessoais, mantendo contato com uma grande rede de pessoas.

Depois de lidas as características anteriores, podemos dizer que **ser empreendedor é uma atitude**.

Para que você compreenda melhor o espírito do empreendedorismo, leia o texto a seguir.

Quanto você vale?

Peça para um publicitário descrever um botão de camisa. Você ficará deslumbrado com tantas funcionalidades que ele vai achar para o botão e vai até mudar o seu conceito sobre o pobre botãozinho...

[...]

Peça para um **economista** falar da economia mundial, e **tome uma lição de números e mercados, bolsas e câmbios oscilantes, inflação e mercados emergentes**, e se não sair de perto, vai acreditar que, em breve, teremos a maior recessão da história, e que a China é o melhor lugar do mundo para se viver!

Agora, peça para uma **pessoa desanimada ou depressiva. [sic] falar da vida, do sol, da lua, dos botões, das rosas e do amor para você ver.** Pegue um banquinho e um lenço, e sente-se para chorar. É só reclamação, frustração, dores, misérias e desconfiança geral!

Você sente a energia lhe contaminando, vai fazendo mal, vai lhe deixando sem forças, porque os desanimados, os reclamões e depressivos têm o poder 'vampiresco' de sugar energias do bem e transformar em medo.

90

E o medo paralisa as pessoas de tal forma que fica difícil até o mais simples pensar...

E você?

Como é que você descreve a sua vida?

Quem é você para você mesmo?

Como seria um comercial da sua vida?

Como você venderia o produto "você"?

Você é barato, tem custo acessível, ou é daquelas figuras caras, daquelas que não têm tempo para perder com a tristeza e com o passado?

Você tem 1001 utilidades?

Aliás, você vive em que século mesmo?

São os seus olhos que refletem o que vai na sua alma, e o que vai na sua alma se reflete na qualidade de vida que você leva.

É o seu trabalho que representa o seu talento, ou não?

Por isso, não tem outro jeito, **seja o melhor divulgador de você mesmo, valorize-se, esteja sempre pronto para dar o seu melhor!** Com seu melhor sorriso, com sua melhor roupa, com seu melhor sentimento, com suas melhores intenções, com sua gentileza sempre pronta para entrar em ação!

Seja Omo, Brastemp, Lux de Luxo [sic], e se for chocolate, que seja logo Godiva, suíço e caro, **por que [sic] gente especial igual a você não existe em nenhum mercado, e tem que valer sempre mais.**

Valorize-se! Não importa o que você faz, importa sim como você faz, isso sim, faz toda a diferença.

Fonte: Gaefke, 2008.

Gestão das atividades e administração do tempo

Em casa, na escola ou no escritório, temos muitas coisas para fazer e, normalmente, o tempo é curto. Para não viver correndo contra o tempo, é preciso **planejar** as atividades a serem realizadas.

Planejar significa pensar antes de fazer, organizando as atividades e o tempo gasto com cada uma delas. Com planejamento, o tempo utilizado para realizar as atividades será menor e a qualidade do serviço, melhor.

Para fazer um bom planejamento é preciso:

✓ Saber exatamente o que deve ser feito.

✓ Conhecer a fundo os objetivos do trabalho.

✓ Definir as etapas do trabalho, determinando quanto tempo aproximadamente cada uma levará.

✓ Determinar que tipos de recursos serão necessários para cada etapa (pessoas, materiais e recursos).

Normalmente, o planejamento e a organização das atividades de trabalho são feitos pela chefia. Em alguns casos, os líderes podem pedir o auxílio da equipe na estruturação das tarefas. Isso ajuda no aprimoramento do empreendedorismo, da criatividade e da inovação do grupo, o que contribui para o crescimento profissional.

fique atento!

Independentemente do tipo de chefia, você precisará planejar como executará o que foi solicitado, verificando se os recursos e o tempo estipulados são suficientes. Comece definindo as atividades principais e que darão suporte para a conclusão do trabalho; em seguida, troque ideias com seus colegas e peça ajuda sempre que necessário.

No caso de atividades muito longas, que precisam de muito tempo para serem finalizadas, procure sempre informar seu superior sobre o andamento da tarefa.

Se perceber que algo está dando errado, pare imediatamente o que está fazendo e analise a situação. Observe o que está acontecendo e determine o problema. Mais uma vez, converse com seus colegas e peça ajuda, pois "duas cabeças pensam melhor do que uma"!

Caso você tenha muitas coisas para fazer num mesmo dia, comece organizando sua agenda, separando o que é urgente do que é menos importante. Dê preferência para as atividades inadiáveis e siga seu planejamento. Lembre-se de que este planejamento de tempo precisa ser flexível, pois sempre aparecem coisas urgentíssimas de última hora.

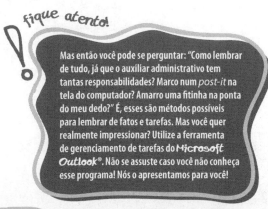

fique atento!

Mas então você pode se perguntar: "Como lembrar de tudo, já que o auxiliar administrativo tem tantas responsabilidades? Marco num *post-it* na tela do computador? Amarro uma fitinha na ponta do meu dedo?" É, esses são métodos possíveis para lembrar de fatos e tarefas. Mas você quer realmente impressionar? Utilize a ferramenta de gerenciamento de tarefas do **Microsoft Outlook®**. Não se assuste caso você não conheça esse programa! Nós o apresentamos para você!

Criando uma tarefa no Microsoft Outlook®

1. Clique em "Calendário".

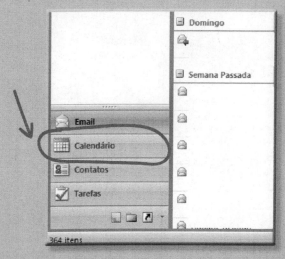

2. Clique em "Novo".

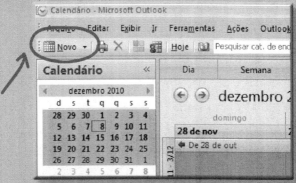

3. Digite o nome da tarefa em "Assunto".

4. Escolha a "Hora de início" e "Hora de término".

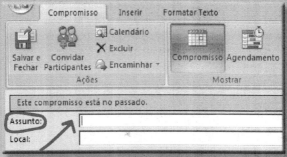

5. Escolha se quer ou não ser lembrado.

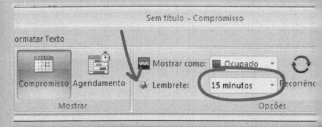

6. Clique em "Salvar e Fechar".

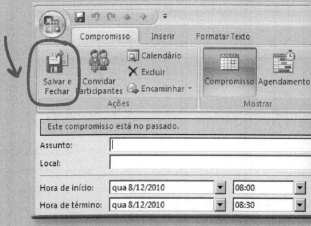

7. Escolha "Dia", "Semana "ou "Mês".

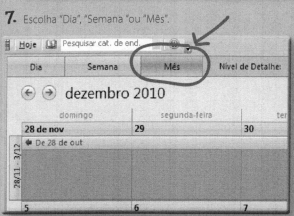

1. O que é o *layout* de um escritório?

2. O que significa ser empreendedor na vida pessoal e profissional?

3. Quais as principais características de um bom empreendedor na vida profissional?

4. Por que é importante planejar as atividades a serem realizadas?

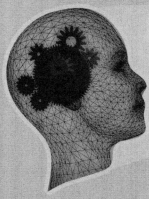

Fernando tem um sonho na vida: desenvolver um produto diferente e que cause muito impacto nas pessoas. O problema é que ele continua esperando que essa ideia caia do céu. Entra e sai de empresas dizendo que trabalhar com pessoas é uma grande dificuldade em sua vida. Ele deixou de estudar e ainda não completou nem o segundo grau, nos seus 40 anos de vida.

Você considera Fernando um empreendedor. Por quê?

De que maneira Fernando poderia modificar sua maneira de pensar e agir? Justifique sua resposta.

....
....
....
....
....
....
....
....
....
....

5. Práticas administrativas

No Capítulo 2 desta nossa conversa, conhecemos o conceito de *empresa* e seus diferentes tipos e tamanhos. Quem trabalha no setor administrativo precisa compreender bem todos esses detalhes, pois suas atividades diárias irão variar de acordo com eles. Falaremos agora especificamente das habilidades conceituais comentadas na introdução deste estudo.

Vamos relembrar então o que foi visto anteriormente. É bom que você volte até o Capítulo 2 e releia as definições do que vamos mencionar a seguir.

O tipo de empresa varia de acordo com o reconhecimento do Poder Público (de Direito Público ou Privado), pelo **grau de propriedade** (empresa pública, de economia mista e privada), pelo **tipo de produção** (primárias, secundárias, terciárias e quaternárias), pelo **volume de capital** ou **tamanho da empresa** (micro, pequena, média e grande) e por **ter fins lucrativos ou não**.

> Com relação à classificação pelo volume de capital, é importante saber que isso interfere diretamente na forma de tributação da empresa, ou seja, na forma como ela paga seus impostos, suas taxas e seus tributos.

De acordo com a atividade que a empresa realiza, ela pode pertencer aos seguintes ramos:

Comércio – São as empresas que compram os produtos fabricados pelas indústrias, revendendo-os para a população em geral. Dentro deste ramo podemos enquadrar os supermercados e as lojas em geral (venda no varejo – direto ao consumidor) e os grandes distribuidores que vendem por atacado, ou seja, em grandes quantidades.

Indústria – É caracterizada pela transformação de matérias-primas. Por exemplo: a indústria de farinha de trigo compra o grão *in natura*, transforma-o em farinha, embala e distribui o produto.

Prestadores de serviços – São empresas que "vendem" trabalho manual ou intelectual, por exemplo, um escritório de contabilidade que cuida do patrimônio de outras empresas.

Tendo em vista a grande variedade de tipos de empresas, é difícil dizer exatamente que tipo de atividade você, auxiliar administrativo, vai executar na prática. Por isso, vamos falar um pouco sobre as principais atividades de um escritório.

Atendimento ao cliente interno, agenda e reuniões

Como nós também já vimos, uma empresa é composta por várias pessoas. Cada uma delas desempenha atividades específicas, afinal, ninguém sabe e conhece tudo.

Como a organização é um fator essencial para as empresas, os colaboradores/funcionários são distribuídos em setores/departamentos, nos quais são reunidos os especialistas de cada área.

Existem empresas que possuem departamentos de compra de materiais, venda de produtos e área comercial, de finanças, recursos humanos ou gestão de pessoas, contabilidade, produção e logística, *marketing* etc. Essas empresas tem seus departamentos **orientados por função** e são as mais comuns.

Porém, a título de conhecimento, é bom saber que existem também empresas (como os grandes supermercados) que se organizam de maneira diferente, em setores de eletroeletrônicos, roupas, alimentos, produtos de limpeza, açougue, padaria, bebidas, rotisseria, bazar etc. **Mesmo esse tipo de empresa possui um setor administrativo que coordena e dá suporte às atividades dos demais setores**.

Para que um setor ou departamento desenvolva bem suas atividades, ele precisa das **informações ou produtos dos demais**. Se pensarmos de maneira bem simples, poderemos entender que um setor é cliente do outro, certo?! Assim, podemos dizer que os demais departamentos da empresa são nossos clientes, os **clientes internos**. Quando pensamos em clientes internos, conseguimos entender a importância de tratar os demais departamentos da empresa de acordo com **princípios éticos**, assunto que também já estudamos. Anotar todos os pedidos e recados dos demais setores é mostrar respeito e cooperação pela empresa como um todo.

Sendo assim, utilize uma agenda para anotar todos os seus compromissos e os respectivos horários. **Lembrar os colegas e líderes sobre os horários agendados de reuniões e demais compromissos** é uma das funções do auxiliar administrativo.

Protocolo e arquivo

Todos os dias, as empresas recebem muitas correspondências, que, quando chegam, são encaminhadas diretamente ao **setor de protocolo**, o qual registra e distribui os documentos para os seus diferentes destinatários.

Atualmente, a internet tem facilitado muito a comunicação e o envio de documentos e correspondências entre as empresas, por isso, o trabalho desenvolvido pelo setor de protocolo pode variar de uma empresa para outra. Mesmo assim, de forma resumida, podemos dizer que as funções desse setor são: *receber, registrar* e *distribuir as correspondências da empresa*.

A distribuição das correspondências inclui a troca de documentos entre os clientes internos.

fique atento!

No setor público, em especial, o termo *protocolo* designa o **número de registro** dado a determinado documento quando este é recebido ou expedido pelo órgão. Esse número de protocolo é sempre seguido pelo ano em questão. Exemplo: Protocolo nº 2.222/20___.

O registro da correspondência normalmente acontece por meio de fichas. Nelas, deverão haver os seguintes campos:

Data de entrada do documento	Número do protocolo	Setor de destino	Carga (onde se encontra o documento)
20/09/20___	2.222	Compras	Administrativo

Essas fichas podem ser eletrônicas ou manuais. No caso de fichas manuais, elas devem ser feitas em duas vias: uma segue com o documento e a outra fica em poder do setor de protocolo. Quando o documento retorna, uma via fica arquivada/guardada no setor de protocolo e a outra vai com o documento para o novo setor de destino, se houver, ou para o arquivo.

O setor de arquivo

Arquivo é o nome dado ao conjunto de documentos de uma pessoa ou empresa, guardados de forma segura e ordenada, de maneira que sua localização seja facilitada.

Arquivar documentos é uma obrigatoriedade para a empresa: além de "contar" sua história e servir como base de consulta, é também uma determinação legal. As empresas são obrigadas pelos órgãos fiscalizadores governamentais a manter seus documentos guardados de forma segura e ordenada.

Em muitas empresas, cada setor possui seu próprio arquivo, pois, como dito anteriormente, ele serve como base de consulta. Vejamos um exemplo:

curiosidade

A empresa Bigodudos Ltda. revende peças para computadores. Quando o setor de compras faz um pedido de novas peças, elas vêm acompanhadas por uma nota fiscal, que serve para:

1. O setor de compras conferir se a entrega dos produtos foi feita de acordo com o solicitado – esse departamento também arquiva uma via ou cópia da nota fiscal junto ao pedido e aos dados do fornecedor, servindo, assim, de base de dados para pedidos futuros.

2. O setor de estoque dar entrada nos produtos – sendo assim, uma via ou cópia da nota fiscal fica arquivada no estoque para controle.

4. O setor financeiro faça o pagamento – normalmente, esse setor não arquiva as notas fiscais, apenas verifica a forma de pagamento e suas datas, reenviando o documento para o setor de contabilidade.

3. A contabilidade controlar o patrimônio da empresa – nesse departamento, o arquivo é obrigatório e é importante destacar que não se podem arquivar cópias de notas fiscais, mas, sim, uma via da nota.

Percebeu agora a importância dos arquivos de cada setor?

Independentemente do tamanho da empresa e do arquivo, sua principal função é **guardar de forma segura os documentos para que possam ser utilizados num momento futuro**.

Dentro de uma empresa, temos três tipos principais de arquivos:

Arquivo corrente ou de movimento

É aquele que guarda a documentação atual, ou seja, os documentos recentes e que são consultados com bastante frequência. Normalmente, esse arquivo é feito em pastas suspensas, ficando num local de fácil acesso.

Arquivo intermediário

Guarda os documentos que não estão mais sendo utilizados com tanta frequência. Nesta fase, os documentos são descartados ou enviados para o arquivo morto, dependendo do tipo de informação que neles constar.

Arquivo morto

Guarda documentos de valor histórico e para fins de pesquisa. O valor administrativo desses documentos praticamente não existe. Via de regra, esses documentos ficam guardados em caixas de papelão ou plástico, específicas para o arquivo morto.

Os documentos mais importantes a serem arquivados são:

Notas fiscais – Acompanham as transações comerciais (compra e venda de produtos ou serviços).

Recibo – Comprovante de recebimento de produtos ou documentos.

Pedidos de compra – São requisições feitas para a compra de produtos e materiais ou pedidos feitos ao estoque.

Guias de recolhimento de impostos – Documentos utilizados para o pagamento de impostos, pois cada imposto possui uma guia específica.

O método de arquivo mais utilizado é o **método alfabético** (por nome, localidade ou por assunto). A classificação alfabética considera palavra por palavra, letra por letra, até o final.

Por exemplo: o arquivo de documentos de dois funcionários, Pedro Henrique e Pedro Roberto. Ambos são Pedro, mas o arquivo do Pedro Henrique deve ficar antes do arquivo do Pedro Roberto, porque a próxima letra do nome assim o determina, já que H está antes de R no alfabeto.

No caso de arquivos grandes, com muitos nomes próprios, a empresa pode optar pela utilização dos sobrenomes para arquivo.

fique atento!

Outros métodos utilizados são:

Método numérico – Para documentos como notas fiscais, contratos, recibos e guias.

Método por assunto – Muito utilizado no arquivo eletrônico, esse método divide o arquivo em pastas, e estas têm nomes referentes ao assunto arquivado. Por exemplo: compras, pagamentos, funcionários etc. Mesmo no caso de arquivo por assunto, as pastas desses assuntos ficam guardadas em ordem alfabética.

Falando da importância dos documentos, leia a seguir um artigo escrito por Luiz Alfredo Santoyo, presidente da Associação Brasileira de Empresas de Gerenciamento de Documentos (ABGD), e veja como a gestão correta dos documentos (arquivamento) é importante.

Quem guarda tem

Sabe aquele documento [com o qual] você não sabe o que fazer e acaba guardando em uma caixa de papelão? Esse hábito, comum para muitas pessoas, tem um significado maior quando se pensa em uma empresa. No mundo corporativo, a informação é uma espécie de espinha dorsal, por carregar questões muito [sic] vezes estratégicas nas áreas de gestão, condução dos negócios e no desenvolvimento de soluções para os clientes. Por isso, o cuidado no modo de armazenar esses dados é extremamente importante. Afinal, cada vez mais torna-se imprescindível a adoção de procedimentos que garantam o controle adequado dessas informações.

No caso de uma corporação, os arquivos respondem por uma parte expressiva das despesas. Pesquisas da consultoria Coopers & Lybrand, nos Estados Unidos, indicam que se leva, em média, quatro semanas por ano à procura de documentos guardados de forma equivocada, o que representa duas horas diárias de um funcionário destinadas à localização de papéis extraviados. Devido à má gestão, as empresas perdem um documento a cada 12 segundos e o custo médio de recuperação é de US$ 120.

[...]

Fonte: Santoyo, 2008.

fique atento!

> Como a tecnologia da informação (computadores) é uma realidade nas nossas vidas, é importante lembrar que, atualmente, as notas fiscais de muitas empresas já são eletrônicas. A definição oficial de nota fiscal eletrônica (NF-e) é: "um documento de existência apenas digital, emitido e armazenado eletronicamente, com o intuito de documentar uma operação de circulação de mercadorias ou uma prestação de serviços, ocorrida entre as partes" (Minas Gerais, 2011).

A Nota Fiscal eletrônica (NF-e) funciona basicamente da seguinte forma:

A empresa que emite a NF-e gera um arquivo eletrônico com todas as informações fiscais e comerciais necessárias. Para dar integridade aos dados, o emissor assina digitalmente a NF-e.

Depois de assinado digitalmente, o arquivo é enviado pela internet para a Secretaria da Fazenda do estado, que fará a validação do arquivo e o devolverá com uma autorização de uso, que permite o trânsito (transporte) das mercadorias.

Depois de autorizada a NF-e, a Secretaria da Fazenda disponibiliza a consulta pela internet para todos os interessados (fornecedores, fiscais e destinatários) que tenham a "chave de acesso" (senha) do documento eletrônico.

O arquivo eletrônico será enviado pela Secretaria da Fazenda para a Receita Federal, que guardará todas as NF-e emitidas em ambiente nacional. Em se tratando de uma operação interestadual, a Secretaria da Fazenda do estado emissor da NF-e também enviará o arquivo eletrônico para a Secretaria da Fazenda do estado de destino das mercadorias.

Para o transporte das mercadorias, será impressa uma versão simplificada da NF-e, chamada *Danfe* (Documento Auxiliar da Nota Fiscal Eletrônica), em papel comum e em única via, na qual consta a chave de acesso da NF-e na internet e um código de barras que facilitará a confirmação das informações pelos postos fiscais.

Juliano, o novo auxiliar administrativo que trabalha no setor de protocolo recebeu uma nota fiscal por correio. Infelizmente, acompanhando esse documento não havia nenhuma indicação de para quem o documento, deveria ser entregue. Juliano simplesmente colocou a nota fiscal dentro de uma gaveta e esqueceu o assunto.

A atitude de Juliano está correta? Por quê?

Se não, como ele deveria proceder nesse caso? Justifique sua resposta.

Rotinas de trabalho e documentos básicos das áreas funcionais

Para que você consiga melhorar ainda mais suas habilidades conceituais, ou seja, tenha uma visão mais ampla de uma empresa, vamos falar das principais rotinas de trabalho e dos documentos básicos das áreas funcionais, ou seja, dos setores que a maioria das empresas tem.

Finanças

Este é o setor que cuida do dinheiro da empresa, fazendo os pagamentos das contas, as cobrança aos clientes e investindo os recursos para que estes gerem lucros.

Suas principais funções são:

Planejar – Auxiliar a empresa para que esta possa atingir suas metas, apresentando possíveis fontes de recursos para a realização do que foi planejado.

Aquisição e controle de recursos – Assim como nós, as empresas precisam pagar contas, desde as mais simples (como luz, água e telefone) até as de materiais. Além disso, o financeiro também negocia com bancos a contratação de empréstimos e outras movimentações financeiras.

Distribuição de recursos – Os demais setores da empresa também necessitam de recursos para realizar seus trabalhos. Por exemplo: o setor de Recursos Humanos observou que é necessário dar treinamento para os funcionários. Esta ação vai gerar gastos e quem determinará o valor máximo desse gasto é o financeiro.

É função do setor financeiro fazer o **controle de caixa**, ou seja, registrar, diariamente, as entradas e saídas de dinheiro, controlando também as contas bancárias da empresa.

Os principais documentos do setor financeiro são: **as contas a serem pagas, as notas fiscais emitidas pela empresa e as recebidas** (para que os pagamentos possam ser feitos), os **extratos bancários e o formulário de controle de caixa** (esse documento pode ser eletrônico ou em papel mesmo).

Contabilidade

Enquanto o setor financeiro controla o dinheiro da empresa, a contabilidade, por sua vez, **registra tudo o que a empresa faz com o dinheiro**.

> A contabilidade registra e controla todas as operações que alteram o *patrimônio* de uma empresa.

Falar de contabilidade pode assustar, mas todos nós fazemos procedimentos contábeis. Quer ver? Quando recebemos, fazemos muitas contas para saber se a "grana" vai dar até o final do mês, certo?! Esse procedimento, mesmo que bem simples, é um tipo de procedimento contábil!

*renda. No caso de uma empresa, o patrimônio é, em geral, formado pela diferença entre o ativo e o passivo. Quando esse difere*n*ç*a *é positiva, trata-se de patrimônio líquido; em caso de ela ser negativa, chama-se passivo a descoberto ou passivo líquido (Sandroni, 1994, p. 356, grifo do original).*

Vejamos, de forma detalhada, cada um dos itens que compõem o patrimônio de uma empresa (Ávila, 2006):

Os **bens** são as coisas que satisfazem as necessidades humanas e que podem ser avaliadas, ou seja, podem ser atribuídos preços a esses bens.

Os bens se dividem em:

Bens móveis
Aqueles que modem ser transportados de um lugar a outro. Ex.: máquinas, veículos, dinheiro etc.

Bens imóveis
Aqueles que não podem ser removidos de onde estão. Ex.: terrenos, edifícios etc.

Bens tangíveis ou materiais
Aqueles que têm realidade física. Ex.: matérias-primas, veículos, imóveis etc.

Bens intangíveis ou imateriais
Aqueles que não podem ser tocados, apalpados, ou seja, a sua existência não é material. Ex.: conhecimento, música, *software*, informação etc.

Os **direitos** são bens da empresa que estão em poder de outras empresas ou pessoas – estão em forma de duplicatas, cheques pré-datados, notas promissórias etc.

As **obrigações** são bens, de outras pessoas ou empresas, que estão em poder da entidade, ou seja, são valores que a empresa deve pagar a terceiros, são dívidas. Como exemplo, temos: contas a pagar, fornecedores, financiamentos, imposto a pagar, salários etc.

Com a finalidade de registrar todos os fatos que alteram o patrimônio, a contabilidade possui livros próprios para fazer esse registro. Os livros de registro são (Ávila, 2006):

Livro diário

De preenchimento obrigatório por lei, o diário é onde ficam registrados e agrupados todos os fatos contábeis ocorridos num mesmo dia, respeitando a ordem cronológica dos acontecimentos. Atualmente, este livro é um documento eletrônico, mas, como antigamente ele era um livro material, o nome continua este.

Livro razão

O preenchimento desse livro também é obrigatório por lei. Nele, os lançamentos dos fatos contábeis são feitos de acordo com a "conta contábil", ou seja, a natureza da movimentação, independentemente da data em que tenha ocorrido. Também é um documento eletrônico.

Apenas como esclarecimento, vamos explicar o que é um fato contábil e um ato administrativo (Ávila, 2006):

Além dos livros contábeis, é preciso também preencher os **livros fiscais**, que são de interesse do Fisco. Exemplos desses livros são: Livro de Entrada de Mercadorias, Livro de Saída de Mercadorias, Livro de Apuração de Impostos, Livro de Apuração do Lucro Real (Lalur) etc.

Atos administrativos

São aqueles que não modificam imediatamente o patrimônio de uma empresa, por isso, não são registrados pela contabilidade. Ex.: fazer reuniões, contratar funcionários, prestar aval etc.

Fatos contábeis ou administrativos

São aqueles que sempre provocam alterações no patrimônio de uma empresa. Esses fatos são consequências dos atos administrativos. Ex.: compra de veículos, aquisição de materiais para revenda etc.

Marketing e área comercial

Quando falamos em *marketing*, a primeira coisa que nos vem a cabeça é **propaganda**. Então, vejamos o conceito de *marketing*:

Se formos traduzir a palavra *marketing* para o português, teremos palavras como **mercância** ou **mercadologia**. Como esses nomes pouco explicam, vejamos a definição dada pela AMA (American Marketing Association – Associação Americana de *Marketing*), citada por Kotler (2006, p. 4):

> "É uma função organizacional e um conjunto de processos que envolvem a criação, a comunicação e a entrega de valor para os clientes, bem como, a administração do relacionamento com eles, de modo que beneficie a organização e seu público interessado".

> Entendeu agora que a função do *marketing* é muito mais ampla do que simplesmente fazer propagandas?!

Pela definição anterior, entendemos que o setor de *marketing* de uma empresa tem como meta observar o mercado para verificar o que as pessoas estão precisando ou querendo consumir, de forma que seja possível **satisfazer às necessidades dos consumidores criando novas oportunidades de venda para a empresa**. Com isso, tanto as necessidades dos consumidores quanto os objetivos financeiros da empresa são contemplados.

A principal preocupação do *marketing* são os chamados 4 Ps do *marketing*, que se baseiam em quatro palavras que iniciam com a letra "P", que são: **produto, preço, praça** (ou **ponto de venda**) e **promoção**.

O **produto** está relacionado às necessidades e desejos do consumidor.

O **preço** é o valor que o cliente está disposto a pagar para adquirir um novo produto ou serviço.

A **praça** ou **ponto de venda** se relaciona ao melhor local para o cliente adquirir o produto, ou seja, o de mais fácil acesso ao consumidor.

A **promoção** está vinculada à comunicação com o cliente, através das ferramentas de *marketing*. Aqui, sim, incluímos a propaganda.

O setor de **marketing** e a **área comercial** trabalham juntos, pois, como já vimos no estudo de mercado desenvolvido com os 4 Ps do *marketing*, o produto, o preço, a praça e as promoções são determinados pelo *marketing*.

A área comercial é dividida em área de compras e setor de vendas.

O **setor de vendas** é o encarregado de vender os produtos e/ou serviços da empresa para os clientes. Seu principal documento é o **bloco de pedidos**. Por meio dos pedidos, as **notas fiscais** de venda de mercadorias são emitidas.

A **área de compras** tem como função principal **abastecer a empresa de tudo o que ela precisa**, desde os simples materiais de escritório até produtos para revenda e/ou produção, dependendo do tipo de atividade desenvolvida pela organização. Os documentos da área de compras são: nota fiscal de compra, requisição de materiais, pedido ou ordem de compra, fatura, duplicata e cadastro de fornecedores.

Imagine que você é um empreendedor e está querendo abrir uma loja para vender roupas de festa. Com base nos 4 Ps do *marketing*, defina onde essa loja deverá estar localizada, qual deverá ser o preço das mercadorias, o tipo de produto (marcas e modelos) a ser oferecido e como será a campanha de inauguração.

Produção e logística

Depois que o setor de *marketing* define o que o consumidor deseja comprar e a que preço, é hora de produzir – entram em cena os setores de **logística** e **produção**.

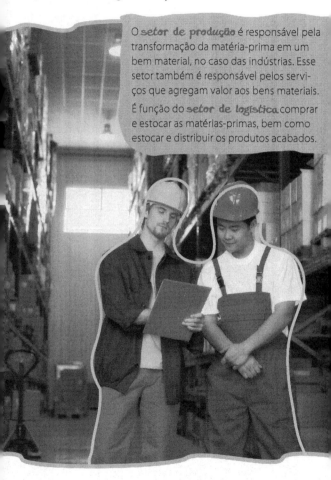

O **setor de produção** é responsável pela transformação da matéria-prima em um bem material, no caso das indústrias. Esse setor também é responsável pelos serviços que agregam valor aos bens materiais.

É função do **setor de logística** comprar e estocar as matérias-primas, bem como estocar e distribuir os produtos acabados.

Dependendo do tipo de produto comercializado e do tamanho da empresa, os setores de logística e produção podem ter atividades e documentos bem diferentes. Esses documentos estão ligados às atividades que desenvolvem, e o principal segmento desses setores é o **estoque**.

Estoque é o **lugar onde ficam armazenados e são conservados os suprimentos**, sejam eles matérias-primas, sejam produtos semiacabados ou acabados. **Esses locais podem variar de acordo com as características e necessidades de cada produto**, como local aberto ou fechado, climatizado ou não etc.

O **controle de estoque**, em qualquer empresa, deve ser bem rigoroso, pois ele altera o patrimônio da empresa. É o principal documento desse setor. Vale lembrar que esse controle é feito individualmente para cada produto em estoque, controlando a quantidade e o preço.

Para melhorar suas habilidades conceituais e seu autoconhecimento, leia o texto a seguir:

Avaliando sua Empresa Pessoal

Se levarmos em consideração que nós também somos uma empresa, vamos entender que nascemos para dar lucro. Esse lucro seria contabilizado no final de um ano através de um balanço de nossas ações, ou seja, de tudo o que pensamos, sentimos, dizemos e fazemos.

Como seres humanos atentos aos princípios éticos, entendemos que esses lucros devem atingir as esferas morais, intelectuais, sociais, afetivas, familiares e econômicas.

Reflita um momento sobre como anda a sua Empresa Pessoal. Ela é bem ou mal administrada?

1. Contabilidade: De que maneira as suas decisões e atos tem afetado os resultados da sua vida? Você é do tipo que acredita em si mesmo e segue em frente ou vive reclamando que a vida está difícil? Seu saldo de autoestima é positivo ou negativo? Como anda seu autoconhecimento?

2. Estocagem: Você se preocupa em aumentar seu estoque de conhecimentos? Tem lido bastante? Tem assistido a bons programas de televisão e filmes? Gosta de conversar com pessoas e trocar experiências?

3. Cobrança: Como anda seu planejamento estratégico? Seus objetivos e metas estão claros? Qual é sua missão na vida? Seus sonhos estão deixados de lado ou você se cobra porque ainda não chegou lá?

4. Produção: Como anda seu empreendedorismo? Sua criatividade tem sido utilizada e cultivada? E a inovação, como anda?

5. Manutenção: O que você tem feito pelo seu próprio bem? Faz exercícios regularmente? Dorme bem? Tem uma alimentação saudável? Seu corpo é o reflexo da sua mente?

6. Embalagem: Suas emoções direcionam suas ações, por isso, seus pensamentos e sentimentos definem a sua embalagem. Como é a sua embalagem? Do tipo sem graça ou cheia de vida e brilho? Como você se venderia? Como você contaria sua história?

7. Planejamento: Não basta apenas se cobrar pelo que ainda não conseguiu, é preciso também, planejar o futuro. Você tem planejado sua vida? E sua carreira profissional? Para atingir os sonhos é preciso criar estratégias, já criou as suas?

> E então, que departamento de sua empresa pessoal precisa de mais atenção?

Fonte: Adaptado de Costa, 2008.

Recursos humanos (RH)

O RH é o setor da empresa que se preocupa com o bem mais precioso que ela possui: **seus funcionários** – afinal, uma empresa é, acima de tudo, uma união de pessoas.

As tarefas do RH podem ser divididas em:

Setor de admissão
Seleciona e contrata novos funcionários, integra a pessoa à empresa e faz as anotações na carteira de trabalho (registro).

Setor de compensação
Elabora e controla a folha de pagamentos (incluindo vale-transporte, vale-alimentação e demais benefícios), bem como a entrada e saída da jornada de trabalho dos funcionários.

Setor de desligamento
Faz o desligamento do funcionário da empresa, ou seja, a rescisão do contrato de trabalho.

Os principais documentos e rotinas do RH são:

Folha de pagamento
É o instrumento que demonstra o cálculo do pagamento dos salários dos funcionários. Nele devem constar o valor do salário pago a cada funcionário e os descontos legais (referentes aos valores cobrados pelo Imposto de Renda – IR, Instituto Nacional de Seguridade Social – INSS, plano de saúde e demais benefícios).

Recibo de pagamento de salário, holerite ou contracheque

É o comprovante de recebimento do salário que o funcionário deve receber e assinar todo mês, comprovando que foi efetivamente pago.

Guias de recolhimento de impostos

São os documentos com que empresa efetua o pagamento dos encargos e obrigações que tem para com o governo e também para com seus funcionários. Os mais comuns são:

Guia de Informação à Previdência (GFIP).

Guias do Fundo de Garantia do Tempo de serviço (FGTS).

Guias do Instituto Nacional de Seguridade Social (INSS).

Documento de Arrecadação de Receitas Municipais (Darm).

E, uma vez por ano, no mês de março, o **guia de recolhimento da contribuição sindical**. Nesse mês é descontado um dia de trabalho do salário. Esse dinheiro é pago para o sindicato da categoria. Os sindicatos têm como função principal defender os direitos e interesses do trabalhador daquela profissão.

Folha ponto

É um documento do setor de compensação – obrigatório pela legislação trabalhista para todas as empresas que possuem mais de 10 empregados. Nessa folha devem estar registrados o horário de entrada e saída dos funcionários, bem como os atrasos e as faltas, justificadas (como por exemplo, as idas ao médico) ou não. Cabe ao auxiliar administrativo ficar de olho na folha ponto, conversando sempre com os funcionários que estiverem registrando muitos atrasos.

Férias

Depois de trabalhar por 12 meses com carteira assinada, o funcionário tem direito a 30 dias de férias. No momento de sair de férias, **ele recebe o salário normal com um acréscimo de 1/3 do valor bruto de seu rendimento**, como remuneração de férias. Por lei, é permitido que o trabalhador venda 10 dias de férias e descanse apenas 20 dias, é o chamado *abono pecuniário*. Optando por essa forma, o funcionário deve receber o valor do abono (pagamento extra pelos 10 dias trabalhados), o salário normal e a remuneração das férias.

Como a maioria das empresas possui um sistema informatizado para calcular o pagamento das férias, a função do auxiliar administrativo nessas situações é solicitar o pagamento das férias ao setor financeiro, emitir o comprovante de recebimento, solicitar que o funcionário traga sua carteira de trabalho para que as devidas anotações de féria sejam feitas, pedir para o funcionário assinar o recibo e arquivá-lo.

13° salário

É um **salário adicional** que todo funcionário registrado recebe ao final de cada ano. Infelizmente, sobre esse salário incidem os impostos normais. O pagamento deve acontecer da seguinte maneira: **50% até o dia 30/11 e 50% até o dia 20/12 de cada ano.**

Imposto de Renda (IR)

É um **valor pago pelos funcionários que ganham acima de um determinado valor, estipulado pela Receita Federal**. Esse imposto é descontado na folha de pagamento e recolhido nos bancos credenciados ou na Receita Federal. O cálculo do IR é feito de acordo com uma tabela disponibilizada pela Receita Federal.

FGTS

É o Fundo de Garantia por Tempo de Serviço a que todo funcionário tem direito. A empresa é obrigada a depositar na Caixa Econômica Federal todo mês, em nome do funcionário, 8% de seu salário bruto, incluindo o 13º salário.

Previdência Social

Também conhecido pelo nome da instituição, o INSS ou Previdência Social é um **seguro que substitui a renda do contribuinte nas seguintes situações**:

Aposentadoria – É o pagamento mensal que acontece até o fim da vida da pessoa que pagou por esse seguro e pode acontecer por motivo de idade, tempo de contribuição ou invalidez.

Pensão – É o pagamento feito aos dependentes do segurado quando este vem a falecer.

Auxílio – É o pagamento recebido em casos de doença, acidente, reclusão/prisão, bem como salário-maternidade e salário-família.

Chegamos ao final desta jornada. Aprendemos muitas coisas, nos divertimos e convivemos por algum tempo. Todos os conhecimentos que você adquiriu serão úteis tanto na vida profissional quanto na vida pessoal. Para isso, você precisa agora colocar em prática tudo o que aprendeu. Com certeza, seus conhecimentos serão um grande diferencial no mercado de trabalho.

1. Relacione os ramos de atividade das empresas com sua classificação por tipo de produção.

2. Toda empresa é obrigada a ter um setor de arquivo? Por quê?

3. Quais as principais áreas funcionais de uma empresa?

4. Quais as principais tarefas do setor de recursos humanos? Descreva-as.

Resuma, em poucas palavras, o que mais lhe chamou atenção durante esta aventura do conhecimento.

Fim do expediente

Depois de tudo o que nós conversamos aqui, com certeza você pôde perceber que entrar para o mercado de trabalho pode não ser fácil, mas se manter empregado é ainda mais complicado.

Trabalhar com pessoas é difícil sim, e muito gratificante. Fazer amigos, conhecer pessoas e desenvolver boas atividades em equipe traz uma satisfação pessoal que não pode ser expressa em palavras.

Continue se desenvolvendo por meio de novos estudos e de aquisição de outros conhecimentos. O mundo não para e você tem de acompanhar a rapidez dos acontecimentos, das novidades e do surgimento de novos saberes e de novas competências.

Busque seus sonhos e não desista diante das dificuldades. A marca do seu sucesso será a sua capacidade de enfrentar os desafios, com foco nos resultados.

Material para consulta

AGLO TALENT. Liderança & Carreira. *Shitsuke*: senso da disciplina. Disponível em: <http://www.aglo.com.br/blog/?p=489>. Acesso em: 29 set. 2011.

ANDRADE, J. A. de. *Cisão das sociedades limitadas*. 2004. 62 f. Monografia (Graduação em Direito) – Universidade do Vale do Itajaí, São José, 2004.

ÁVILA, C. A. de. *Gestão contábil para contadores e não contadores*. Curitiba: Ibpex, 2006.

BNDES – Banco Nacional do Desenvolvimento. *Porte de empresa*. Disponível em: <http://www.bndes.gov.br/SiteBNDES/bndes/bndes_pt/Navegacao_Suplementar/Perfil/porte.html>. Acesso em: 28 set. 2011.

BRASIL. Lei n. 10.406, de 10 de janeiro de 2002. *Diário Oficial da União*, Poder Legislativo, Brasília, DF, 11 jan. 2002. Disponível em: <http://www.planalto.gov.br/ccivil_03/leis/2002/L10406.htm>. Acesso em: 27 set. 2011.

CHIAVENATO, I. *Introdução a teoria geral da administração*. Rio de Janeiro: Elsevier, 2004.

CORRENTE do bem. Direção: Mimi Leder. Produção: Peter Abrahms, Robert L. Levy e Steven Reuther. EUA: Warner Bros. Pictures, 2000. 123 min.

COSTA, S. B. *A empresa holística*. Curitiba, 2008. Apostila de curso de MBA em Gestão Pública, Faculdade Expert.

FAYOL, H. *Administração industrial e geral*. 10. ed. São Paulo: Atlas, 1990.

FERREIRA, A. A. *Gestão empresarial*: de Taylor aos nossos dias. São Paulo: Thomson Learn, 2006.

FERREIRA, A. B. de H. *Novo dicionário da língua portuguesa*. Rio de Janeiro: Nova Fronteira, 1975.

GAEFKE, P. *Quanto você vale?* 2008. Disponível em: <http://pt.shvoong.com/humanities/1802255-quanto-voc%C3%AA-vale>. Acesso em: 30 set. 2011.

GIMENEZ, F. A. P. Escolhas estratégicas e estilo cognitivo: um estudo com pequenas empresas. **Revista de administração contemporânea**, v. 2, n. 1, p. 27-45. 1998.

GLADIADOR. Direção: Ridley Scott. Produção: David H. Franzoni, Steven Spielberg e Douglas Wick. EUA: Dreamworks; Universal Pictures, 2000. 155 min.

HOUAISS, A.; VILLAR, M. de S.; FRANCO, F. M. de M. **Minidicionário Houaiss de língua portuguesa**. Rio de Janeiro: Objetiva, 2009.

KOTLER, P. **Administração de marketing**. 12. ed. São Paulo: Person Prentice Hall, 2006.

LUA MÁGICA. Cores. 15 maio 2004. Disponível em: <http://www.luamagica.jex.com.br/magias/cores>. Acesso em: 21 set. 2011.

MARIANO, R.; MARIANO, M. **Teoria geral da administração**. São Paulo: Interciência, 2007

MAXIMIANO, A. C. A. **Introdução à administração**. 7. ed. São Paulo: Atlas, 2007.

MERCADO GLOBAL. **Como evolui a globalização**. 10 fev. 2010. Disponível em: <http://www.mercadoglobal.info/?p=344>. Acesso em: 22 set. 2011.

MINAS GERAIS. Secretaria de Estado de Fazenda. **Mais empresas em Minas vão emitir Nota Fiscal Eletrônica**. Disponível em: <http://www.fazenda.mg.gov.br/noticias/mais_empresas_em_minas_vao_emitir_nota_fiscal_eletronica.html>. Acesso em: 3 out. 2011.

MIRANDA, B. M. Surgimento e evolução do direito do trabalho. **Direito Brasil publicações**. Disponível em: <http://www.direitobrasil.adv.br/arquivospdf/aulas/dt/A1.1.pdf>. Acesso em: 21 set. 2011.

OLIVEIRA, D. P. R. de. **Introdução à administração**: teoria e prática. São Paulo: Atlas, 2008.

_____. **Teoria geral da administração**: uma abordagem prática. São Paulo: Atlas, 2009. p. 275-288.

ROSSETI, J. P. **Introdução à economia**. 20. ed. São Paulo: Atlas, 2003.

SÁ, A. L. de. **Ética profissional**. 11. ed. São Paulo: Atlas, 2011.

SANDRONI, P. **Novo dicionário de economia**. 5. ed. São Paulo: Best Seller, 1994.

SANTOYO, L. A. **Quem guarda, tem**. 2008. Disponível em: <http://www.administradores.com.br/informe-se/informativo/quem-guarda-tem/16898>. Acesso em: 29 set. 2011.

SEBRAE – Serviço de Apoio às Micro e Pequenas Empresas. **Critérios de classificação de empresas – ME – EPP**. Disponível em: <http://www.sebrae-sc.com.br/leis/default.asp?vcdtexto=4154>. Acesso em: 28 set. 2011.

SHINYASHIKI, R. **A revolução dos campeões**. São Paulo: Gente, 2010.

SIEMENS. **Valores, visão & missão**. Disponível em: <http://www.siemens.com.br/templates/v2/templates/TemplateC.Aspx?channel=8952#indexo2>. Acesso em: 28 set. 2011.

SOBRAL, F.; PECINO, A. **Administração**: teoria e prática no contexto brasileiro. São Paulo: Pearson, 2008

SUN-TSU. **A arte da guerra**: os 13 capítulos – texto integral da obra. São Paulo: Golden Books, 2007.

TEMPOS modernos. Direção: Charles Chaplin. Produção: Charles Chaplin Productions. EUA: United Artists, 1936. 88 min.

XAVIER, R. de A. P. **Sua carreira**: evitando os erros que atrapalham. São Paulo: Pearson, 2001.

Veja aqui as respostas para os exercícios "Hora extra".

Capítulo 1

1. A administração sempre esteve presente na história da humanidade, pois a organização de pessoas com a finalidade de atingir um objetivo sempre existiu.

2. O fato que marca o início do estudo científico da administração é a Revolução Industrial, porque a introdução das máquinas na produção de mercadorias mudou completamente as relações de trabalho e a produção em larga escala necessitou de muitas pessoas dentro das fábricas. Nesse novo cenário, as organizações precisaram se preocupar em "organizar" todos os recursos para atingir seus objetivos. Surge, então, o chamado *pensamento administrativo*.

3. Administração é o processo de planejar, organizar, dirigir e controlar o uso de recursos com a finalidade de alcançar os objetivos das organizações.

4. Os quatro princípios fundamentais da administração são: planejamento, organização, controle e direção.

   Planejar significa pensar no futuro, fazendo planos, traçando novos objetivos e definindo meios para alcançá-los.

   Organizar está relacionado a fornecer as condições necessárias para que a empresa desenvolva bem seu trabalho e atinja seus objetivos (definidos no planejamento).

   Controlar é verificar se a organização do trabalho está sendo obedecida, por meio de acompanhamento, monitoramento e verificação dos diferentes setores e departamentos.

Dirigir está relacionado a coordenar diferentes tarefas de uma empresa, a liderar as equipes de trabalho e a estímular os funcionários para que trabalhem bem e felizes.

Capítulo 2

1. A globalização é um fenômeno que se caracteriza pela abertura dos mercados mundiais, facilitando o comércio entre os países.
2. O planejamento estratégico de uma empresa é o esforço para produzir decisões que orientarão suas ações e ele está demonstrado na missão, visão, valores e objetivos da instituição.
3. Pessoa jurídica é a união legal de duas ou mais pessoas, a que se atribui artificialmente uma unidade, com a finalidade de desenvolver uma atividade em nome do bem comum. A esse grupo de pessoas denomina-se *sócios da empresa/pessoa jurídica*.
4. Empresas públicas, empresas privadas e empresas de economia mista.
5. Setor primário – extrativismo e agropecuária;

   Setor secundário – transformação de matéria-prima;

   Setor terciário – prestação de serviços;

   Setor quaternário – educação e cultura.

Capítulo 3

1. Auxiliar o departamento administrativo da empresa em suas atividades diárias.
2. Cuidar da higiene pessoal e do ambiente de trabalho, ser pontual, honesto, simpático, discreto, ágil, educado, ter boa vontade para realizar suas atividades, alimentar-se nos locais e horas determinados pela empresa e não fazer uso de drogas e bebidas alcoólicas.
3. A comunicação é a troca de mensagens entre as pessoas e seus elementos são a codificação, a decodificação e o *feedback*.

4. Ética é o estudo filosófico da moral. Moral é o conjunto de normas de conduta de um determinado grupo de pessoas.
5. *Marketing* pessoal é a venda da nossa imagem pessoal por meio das nossas ações no ambiente de trabalho. A melhor forma de desenvolvê-lo é através dos valores éticos e da motivação no dia a dia profissional.

Capítulo 4

1. O *layout* é a arrumação física do escritório, a maneira como estão distribuídos os móveis e equipamentos.
2. Ser empreendedor na vida pessoal e profissional significa ter coragem para vencer desafios, assumir responsabilidades, ser criativo e inovador.
3. Ter iniciativa, comprometimento, manter-se em constante aprendizado, utilizar os valores éticos no dia a dia e ter segurança nas decisões.
4. Para que o tempo utilizado na realização dessas atividades seja otimizado e a qualidade do serviço seja melhorada.

Capítulo 5

1.

Ramos de atividade	Tipo de produção
Indústria	Setor secundário
Comércio	Setor primário, terciário e quaternário
Prestadores de Serviço	Setor terciário e quaternário

2. Sim, porque arquivar documentos é uma determinação legal dos órgãos fiscalizadores governamentais.
3. Contabilidade, finanças, *marketing* e área comercial, produção e logística e recursos humanos.
4. Fazer a admissão de pessoas; elaborar e controlar a folha de pagamentos e desligar funcionários.

Sobre a autora

Janieyre Scabio Cadamuro é formada em Economia pela Fundação de Estudos Sociais do Paraná – FESP, com pós-graduação em Educação a Distância pelo Serviço Nacional de Aprendizagem Comercial do Paraná (SENAC-PR) e aluna ouvinte do MBA em Gestão de Recursos Públicos da Faculdade Expert. Com aproximadamente 16 anos de experiência na área de gestão de pessoas, é autora de diversos materiais didáticos nas áreas de logística, finanças, contabilidade e gestão. Participou do desenvolvimento da Construção de Perfis, Matrizes, Fluxogramas e Instrumentos de Avaliações de Competências para profissionais que atuam no mercado de trabalho sem certificação formal, para a instituição SENAC-PR. Autora, professora presencial e tutora em EaD para as instituições Unindus, Senac, Senat, ONG Cidade Júnior e Escola de Administração Fazendária (ESAF). Como pesquisadora, desenvolveu um estudo, junto à Universidade Estadual de Maringá – UEM, no qual foi efetuada uma análise da importância das interações comunicativas para o desenvolvimento/aprimoramento de um modelo pedagógico que atendesse às necessidades da EaD, gerando o trabalho: *A relevância das interações comunicativas na prática pedagógica dos tutores: um estudo de caso na Universidade Estadual de Maringá*.

Rua Clara Vendramin, 58 . Mossunguê
CEP 81200-170 . Curitiba . PR . Brasil
Fone: (41) 2106-4170
www.intersaberes.com
editora@editoraintersaberes.com.br

EDITORA
intersaberes

CONSELHO EDITORIAL
Dr. Ivo José Both (presidente)
Dr.ª Elena Godoy
Dr. Nelson Luís Dias
Dr. Neri dos Santos
Dr. Ulf Gregor Baranow

EDITORA-CHEFE
Lindsay Azambuja

SUPERVISORA EDITORIAL
Ariadne Nunes Wenger

ANALISTA EDITORIAL
Ariel Martins

PREPARAÇÃO DE ORIGINAIS
Tiago Krelling Marinaska

REVISÃO DE TEXTO
Priscila Cesar

**CAPA, FOTOGRAFIA DA CAPA
E ILUSTRAÇÕES DO MIOLO**
Stefany Conduta Wrublevski

PROJETO GRÁFICO
João Leviski Alves
Stefany Conduta Wrublevski

DIAGRAMAÇÃO
Stefany Conduta Wrublevski

FOTOGRAFIAS
Clipart, Comstock, Ingimage,
Levendula Imagem Digital,
Panther Media, Photos to
GO, Stockbyte, Thinkstock,
Wikimedia Commons

ICONOGRAFIA
Danielle Schoitz

Dados Internacionais de Catalogação na Publicação (CIP)

Cadamuro, Janieyre Scabio
O auxiliar administrativo no escritório/Janieyre Scabio Cadamuro. – Curitiba: InterSaberes, 2012.

Bibliografia.
ISBN 978-85-8212-104-7

1. Auxiliar administrativo I. Título.

12-07753   CDD-651.3741

Índices para catálogo sistemático:

1. Auxiliar administrativo : Serviços de escritório   651.3741

1ª EDIÇÃO, 2012.
FOI FEITO O DEPÓSITO LEGAL.

INFORMAMOS QUE É DE INTEIRA RESPONSABILIDADE DA AUTORA A EMISSÃO DE CONCEITOS.
NENHUMA PARTE DESTA PUBLICAÇÃO PODERÁ SER REPRODUZIDA POR QUALQUER MEIO OU FORMA SEM A PRÉVIA AUTORIZAÇÃO DA EDITORA INTERSABERES.
A VIOLAÇÃO DOS DIREITOS AUTORAIS É CRIME ESTABELECIDO NA LEI
Nº 9.610/1998 E PUNIDO PELO ART. 184 DO CÓDIGO PENAL.

Impressão: Reproset
Outubro/2011